Telepathie für Fortgeschrittene

Zusammenhänge, Möglichkeiten und ein alter Weg

Bücher von Harry Eilenstein

Astrologie

- Astrologie (496 S.)
- Photo-Astrologie (428 S.)
- Die astrologischen Aspekte (88 S.)
- Horoskop und Seele (120 S.)

Magie

- Handbuch für Zauberlehrlinge (408 S.)
- Telepathie für Anfänger (60 S.)
- Tarot (104 S.)
- Physik und Magie (184 S.)
- Die Magie-Formel (156 S.)
- Krafttiere – Tiergöttinnen – Tiertänze (112 S.)
- Schwitzhütten (524 S.)

Meditation

- Der Lebenskraftkörper (230 S.)
- Die Chakren (100 S.)
- Das Chakren-System mit den Nebenchakren (296 S.)
- Meditation (140 S.)
- Drachenfeuer (124 S.)
- Reinkarnation (156 S.)

Kabbala

- Kursus der praktischen Kabbala (150 S.)
- Eltern der Erde (450 S.)
- Blüten des Lebensbaumes:
    - Die Struktur des kabbalistischen Lebensbaumes (370 S.)
    - Der kabbalistische Lebensbaum als Forschungshilfsmittel (580 S.)
    - Der kabbalistische Lebensbaum als spirituelle Landkarte (520 S.)

Religion allgemein

- Muttergöttin und Schamanen (168 S.)
- Göbekli Tepe (472 S.)
- Totempfähle (440 S.)
- Christus (60 S.)
- Dakini (80 S.)

- Vajra (76 S.)

Ägypten

- Hathor und Re 1: Götter und Mythen im Alten Ägypten (432 S.)
- Hathor und Re 2: Die altägyptische Religion – Ursprünge, Kult und Magie (396 S.)
- Isis (508 S.)

Indogermanen

- Die Entwicklung der indogermanischen Religionen (700 S.)
- Wurzeln und Zweige der indogermanischen Religion (224 S.)

Germanen

- Die Götter der Germanen (87 Bände)
- Odin (300 S.)

Kelten

- Cernunnos (690 S.)
- Der Kessel von Gundestrup (220 S.)
- Der Chiemsee-Kessel (76)

Psychologie

- Über die Freude (100 S.)
- Das Geheimnis des inneren Friedens (252 S.)
- Das Beziehungsmandala (52 S.)
- Gefühle und ihre Verwandlungen (404 S.)
- einsgerichtet (140 S.)
- Liebe und Eigenständigkeit (216 S.)
- Von innerer Fülle zu äußerem Gedeihen (52 S.)
- Die Symbolik der Krankheiten (76 S.)

Kunst

- Herz des Tanzes – Tanz des Herzens (160 S.)

Drama

- König Athelstan (104 S.)

Kontakt: www.HarryEilenstein.de / Harry.Eilenstein@web.de

Herstellung und Verlag: Books on Demand GmbH, Norderstedt   **ISBN:** 9783748126041

Inhaltsverzeichnis

1. Entschluß und Hilfe   3
   a) fortgeschrittene Telepathie   b) Die Bitte um Hilfe

2. Das Telepathie-Modell   8
   a) Das Modell aus „Telepathie für Anfänger"   b) Das eigene Modell

3. Die „Sprache" der Telepathie   10
   a) Die „Atome" und „Moleküle" der Telepathie
   b) Die eigene „Sprache des Mondes"

4. Die „Telepathie-Ebene"   13
   a) Struktur und Dynamik   b) Die eigene Mythologie

5. Kontakt und Analogie   16
   a) Der „telepathische Umraum"
   b) Der eigene „telepathische Umraum"

6. bewußte und unbewußte Telepathie   19
   a) Geborgenheit   b) Vertrauen und Verantwortung

7. Die frei verfügbaren Informationen   22
   a) Modelle des „großen Ganzen"
   b) Eine Traumreise auf dem kabbalistische Lebensbaum
   c) Eine Stufenweg-Meditation   d) Bewußtsein und Materie

8. Die Benutzung der „Telepathie-Ebene"   35
   a) Die Nutzung der Telepathie im großen Stil
   b) Die eigene Lebensgestaltung

9. Die Geschichte der Telepathie   38
   a) von der Steinzeit bis heute   b) die eigene Entwicklung

10. Formen der Telepathie   41
    a) Möglichkeiten   b) Anwendungen

11. Sehen und Handeln   48
    a) Gleichgewicht   b) Zauberlehrling

12. Der erste Schritt   49
    a) Der Stufenweg   b) Der eigene Weg

13. Der ursprüngliche Wunsch   50
    a) Das Entschluß-Ritual   b) Der eigentliche Wunsch

1. Entschluß und Hilfe

1. a) fortgeschrittene Telepathie

In „Telepathie für Anfänger" ist die Telepathie selber beschrieben worden – wie man sie nachweisen kann und wie sie funktioniert.

In „Telepathie für Fortgeschrittene" geht es darum, wie man einen höheren Grad an Verläßlichkeit in den telepathischen Wahrnehmungen erlangen kann und wie man sie bewußt im eigenen Leben benutzen kann.

Während in „Telepathie für Anfänger" nur allgemeine Versuche dargestellt worden sind, mit denen man die Telepathie nachweisen und ihre Funktionsweise verstehen kann, finden sich in diesem Band individuelle Versuche und Übungen, die es ermöglichen, die eigenen telepathischen Fähigkeiten weiterzuentwickeln.

1. b) Die Bitte um Hilfe

Jede Veränderung beginnt mit dem Entschluß zu dieser Veränderung. Ein solider Entschluß hat in der Regel ein hohes Maß an Klarheit: Man weiß, warum man sich zu einem Vorhaben entschließt. Das bedeutet nicht, daß man viele Details zu der Motivation und zu dem geplanten Vorgehen weiß, aber es bedeutet, daß der Entschluß Wurzeln in der eigenen Wahrheit hat, daß er ein Ausdruck dessen ist, was man im Innersten ist.

Die Motivation für diesen Entschluß muß kein hehres Ziel wie die Erlösung der Welt von allem Übel sein – eine lebhafte Neugier an den eigenen Möglichkeiten reicht vollkommen aus.

Es ist auch förderlich, wenn man eine Vorstellung davon hat, was man für das Erreichen des Zieles, auf das sich der Entschluß bezieht, tun will – hier also, was man für die Weiterentwicklung der eigenen telepathischen Fähigkeiten tun will. Auch diese Vorstellungen müssen nicht detailliert ausgearbeitet sein, aber eine gewisse Klarheit ist hilfreich.

Die Betrachtungen in „Telepathie für Anfänger" haben gezeigt, daß eine einzelne telepathische Wahrnehmung ein Faden in einem großen, zusammenhängenden „Telepathie-Gewebe" ist, das alle Dinge miteinander verbindet.

Es ist daher naheliegend, dieses „Telepathie-Gewebe" für die Weiterentwicklung der eigenen telepathischen Fähigkeiten zu nutzen. Das Verfahren dabei ist recht einfach: Man sendet telepathisch eine Einladung an alle förderlichen Umstände aus.

Eine solche Einladung ist am effektivsten, wenn sie im Rahmen eines einfachen Rituals ausgesprochen wird. Das bedeutet natürlich nicht, daß man sich erst einmal einen Tempel bauen oder sich einen Steinkreis errichten und lange Gewänder tragen muß. Ein Ritual kann sehr schlicht sein und ist einfach eine effektive Form, eine telepathische Botschaft auszusenden.

Solch ein Ritual enthält mehrere Elemente:

Gibt es einen Zeitpunkt, der besonders gut zu dem eigenen Vorhaben paßt? Falls ja, sollte man das Ritual an diesem Zeitpunkt durchführen.

Für besonders große Vorhaben hat sich bei mir die Julnacht (Mittwinter am 21. Dezember) bewährt – in dieser Nacht haben schon die Germanen alle größeren Vorhaben beschlossen. In der Julnacht wird symbolisch die Sonne wiedergeboren, was bedeutet, daß der in dieser Nacht ausgesprochene Wunsch symbolisch-magisch wie die Sonne im folgenden halben Jahr wachsen und gedeihen wird (die Tage werden länger = die Sonne wird stärker). Durch das Aussprechen der Wünsche in der Julnacht erhalten die Wünsche die Kraft und Unterstützung der Sonne. Von diesem germanischen Brauch sind heute nur noch die guten Vorsätze an Silvester übriggeblieben …

Eine anderer guter Termin ist Vollmond, da an diesem Tag eine größere Spannung herrscht als sonst – die man als Antrieb für das eigene Vorhaben nutzen kann.

Der Erfolg des Entschlusses hängt aber nicht von der Wahl eines „richtigen Zeitpunktes" ab. Der richtige Zeitpunkt kann auch ganz einfach „Jetzt!" sein.

Gibt es einen Ort, der besonders gut zu dem eigenen Vorhaben paßt? Ich habe z.B. einen runden Flokati-Teppich, auf dem ich meditiere und den ich bei allen Schwitzhütten, die ich leite, als erstes auf das Schwitzhütten-Gestell lege, und den ich auch für Familienaufstellungen u.ä. benutze. Das ist in den meisten Fällen mein „richtiger Platz".

Der passende Ort kann auch eine Lichtung im Wald, eine kleine Kapelle oder eben einfach das eigene Wohnzimmer sein.

Welche Worte drücken das eigene Vorhaben am besten aus? Sie müssen nicht perfekt sein, sie brauchen auch nicht schon vorher festgelegt sein, aber ein wenig Nachdenken über die eigene Motivation fördert die Genauigkeit und damit auch die Effektivität der Worte in dem eigenen Entschluß-Ritual.

Gibt es Gesten, die das Vorhaben beschreiben können? Dies kann ein

Erheben der Arme sein (Kontakt zu den Göttern), eine Geste des Empfangens (allgemein sehr hilfreich …), ein entschlossenes Aufstampfen mit den Füßen (Wille), ein Ausgießen von Wasser (Loslassen), das Essen einer Frucht (Genährtwerden) und noch vieles anderes – die evtl. verwendeten Gesten hängen davon ab, was man erreichen will.

Gibt es evtl. eine bestimmte Kleidung, die dazu paßt? Dies ist kein wichtiger Punkt, aber wenn es etwas Geeignetes geben sollte, kann man es zu diesem Zeitpunkt anziehen.

Ist die Motivation klar? Manchmal wünscht man sich etwas als Ersatz für etwas anderes oder als Hilfsmittel, um etwas anderes zu erreichen.

Man ißt manchmal ein Stück Torte, weil man einsam ist – man ist einsam, weil man sich getrennt hat – man hat sich getrennt, weil man wütend gewesen ist – man ist wütend gewesen, weil der anderen einen verletzt hat – der andere hat einen verletzen können, weil man eine alte Wunde noch nicht geheilt hat … Sich ein Stück Torte zu wünschen ist in diesem Fall nicht der effektivste Entschluß …

Möglicherweise wünscht man sich auch ein Auto, weil man damit schneller zu seiner Freundin gelangen kann, die drei Städte weiter wohnt. In solch einem Fall könnte es hilfreich sein, sich zu fragen, warum die Freundin so weit entfernt wohnt und wie es sich anfühlen würde, wenn sie nur drei Häuser entfernt wohnen würde.

Eine klare Motivation ist das wichtigste bei einem Ritual, da die Wirkung des rituell ausgesprochenen Wunsches die Motivation widerspiegeln wird – einschließlich ihrer Klarheit oder Unklarheit.

Wirklich glücklich macht nur die Erfüllung eines Wunsch, der nahe am eigenen Herzen, also nah an der eigenen Wahrheit ist. Was hilft das Stück Torte, wenn man eigentlich schon satt ist? Und was hilft das Auto, wenn die Freundin drei Tage später nach Amerika zieht? Es ist wichtig, nach der Wurzel der Wünsche zu schauen.

Diese Wurzel muß nicht tief und weltbewegend sein, sondern einfach nur ehrlich. Wenn man gerade gerne ein Eis essen würde, aber kein Geld dabei hat, kann man sich ruhig ein Eis wünschen – mal schauen, was passiert …

Schließlich gibt es noch einen wichtigen Aspekt beim rituellen Wünschen: den Zeugen. Wenn man etwas nur denkt, bleibt es im eigenen Inneren; wenn man es ausspricht, ist es schon ein wenig mehr im Außen; wenn man es vor einem Zeugen ausspricht, kann man es nicht mehr zurücknehmen und es ist in der Welt verankert.

Wenn es zu dem Entschluß paßt, kann man solch ein Entschluß-Ritual durchführen – einfach, weil solch ein Ritual wirkungsvoll ist. Das bedeutet jedoch keineswegs, daß nur solche rituell ausgesprochenen Wünsche wirkungsvoll sind: Wenn ein Wunsch reif geworden ist und man innerlich auf einmal auf einer Fahrt in der U-Bahn etwas von ganzem Herzen ohne Einschränkungen und ohne jedes „wenn und aber" wünscht, wird dieser Wunsch eine große Wirkung haben.

Die rituelle Form des Wünschens ist letztlich nur eine Konzentrationshilfe … aber eine, die recht nützlich sein kann.

Wenn man zu dem Schluß gekommen ist, daß man Telepathie erlernen will, kann man sich überlegen, ob man einen solchen rituellen Entschluß aussprechen will.

Die Wirkung, die ein solcher ritueller Entschluß hat, läßt sich nicht vorhersagen – vielleicht trifft man jemanden, der ebenfalls die Telepathie erforschen will; vielleicht findet man ein Buch, das einem weiterhilft; vielleicht gerät man des öfteren in Situationen, in denen man Telepathie braucht; vielleicht erlebt man auch ganz einfach ständig Telepathie …

Man kann auch schauen, was man selber tun will, um die eigenen telepathischen Fähigkeiten weiterzuentwickeln: Traumreisen unternehmen, Chakra-Meditationen machen, verlorene Dinge auf telepathische Weise suchen … es gibt viele Möglichkeiten …

2. Das Telepathie-Modell

2. a) Das Modell aus „Telepathie für Anfänger"

Im ersten Band ist die Telepathie als ein einzelner Faden in einem großen Ganzen beschrieben worden.

Der „Ort", von dem die Telepathie ausgeht, ist der Astralkörper, dessen Substanz man als „Lebenskraft" bezeichnen kann – einfach um einen praktischen Begriff zu haben, mit dem man telepathische Vorgänge u.ä. beschreiben kann.

Dieser „Ort" ist normalerweise unbewußt, sodaß ein Monitor (Pendel, Tarotkarten u.ä.) hilfreich sein kann. Das Erlernen der Telepathie besteht im Wesentlichen daraus, sich der telepathischen Wahrnehmungen (die bereits ständig da sind) bewußt zu werden.

Die Telepathie ist eng mit der Telekinese, also mit dem „Bewegen durch Gedanken" verbunden und ebenso mit der Homöopathie und der Magie.

Man kann die Ebene, auf der sich der Astralkörper befindet und auf der die Telepathie und auch die Telekinese stattfinden, „Astralebene" nennen oder auch „Lebenskraftebene". Auch „kollektives Unterbewußtsein" ist ein passender Begriff.

Der eigene Anteil an dieser Ebene ist der Astralkörper, der der Teil des eigenen Wesens ist, der „telepathisch sieht" und der „telekinetisch handelt".

2. b) Das eigene Modell

Es ist hilfreich, sich die Versuche, Erkenntnisse und Formulierungen anderer Menschen anzusehen, aber es ist genauso hilfreich, anschließend nach einer eigenen Beschreibung zu suchen, die der eigenen Sprache und dem eigenen Weltbild entspricht und die die eigenen Erfahrungen und Erkenntnisse ausdrückt.

Vielleicht würde ja ein technisches „Lebenskraft-Internet" dem eigenen Stil deutlich besser entsprechen oder ein poetisches „Psyche von Mutter Erde". Vielleicht ist man von Sternzeichen ein Fisch und spricht lieber von universellen Verbindungen – oder man ist ein Skorpion und findet daher „magische Willensdurchsetzung" zutreffender.

Wichtiger als die Wahl der Worte ist jedoch die Klarheit darüber, was man selber erlebt hat und welcher Dinge man sich daher sicher sein kann.

Letztlich hat das Denken die Aufgabe, herauszufinden, wie die Welt funktioniert, und dann diese Erkenntnisse für das Erreichen der eigenen Ziele einzusetzen – auf diese Weise entsteht Klarheit.

Es wird also ein gut geerdeter Realismus gebraucht – der auch die Telepathie miteinbezieht, wenn man erkannt hat, daß es sie gibt.

3. Die „Sprache" der Telepathie

3. a) Die „Atome" und „Moleküle" der Telepathie

Die Telepathie findet auf der Ebene des Unterbewußtseins statt und kann mit etwas Übung auch bewußt wahrgenommen werden. Auf der Ebene des Unterbewußtseins finden sich eine andere Strukturen als im Bereich des Wachbewußtseins, in dem die kausale Logik („wenn – dann") vorherrscht. Das Unterbewußtsein ist vor allem durch Assoziation strukturiert.

Eine Assoziation ist z.B. die Verbindung zwischen „Hunger" und „Essen". Solche Assoziationen stehen in der Regel nicht alleine da – so gehören zu dem genannten Beispiel auch noch „Küche" und „Herd" und vieles andere.

Die Elemente, die assoziativ miteinander verbunden sind, sind in der Regel Bilder. Sie können eher neutral oder mit Gefühlen aufgeladen sein. Der zu dem Bild gehörende Begriff ist meistens nur lose mit dem Bild verbunden.

Das Bild ist sozusagen das „Atom" auf der Ebene der Lebenskraft. Ein Assoziationskomplex wie die eben genannten vier Beispiel-Begriffe wären dann ein „Molekül" auf der Lebenskraftebene.

Es gibt auch „Zellen", die aus einer großen Anzahl von „Molekülen" bestehen. In der Assoziations-Zelle „Mutter" befinden sich neben der oben genannten „Ernährung" auch die Assoziations-Moleküle „Geborgenheit", „Schutz", „Brust", „Milch", „Familie", „Geschwister", „Kindheit" und noch einige andere mehr.

Die Bilder, die den Inhalt des Unterbewußtseins bilden, sind in mehreren Stufen durch Assoziationen organisiert: kleine Einheiten („Hunger und Essen"), mittlere Einheiten („Ernährung") und große Einheiten („Mutter"). Dies müssen natürlich nicht immer drei Organisations-Stufen sein, sondern es können genausogut zwei oder fünf Stufen sein – das Beispiel soll nur den generellen Aufbau der inneren Bilderwelt veranschaulichen.

Diese inneren Bilder und ihre Assoziationslogik kann man z.B. in Träumen erleben. Diese Bilder-Assoziationskomplexe lassen Symbole entstehen, also Gruppen von zusammengehörigen Bildern mit eindeutiger Qualität, aber ohne scharfe Grenze nach außen hin. Derartige Symbole werden auch in der Religion und in der Magie ständig benutzt.

Die Kenntnis dieser inneren Bilder und der Assoziationslogik, durch die sie verbunden sind, ist auch bei der Telepathie förderlich – obwohl wenn Telepathie natürlich auch ohne diese Kenntnis funktioniert. Wenn man jedoch z.B. Traumreisen benutzt, um Telepathie zu erlernen, ist es ausgesprochen hilfreich, die Bilder, die man dabei wahrnimmt, auch verstehen zu können. Es hängt allerdings auch von dem Thema der Traumreisen ab, ob man konkrete Bilder oder symbolische Bilder sieht.

Die Assoziationen sind gewissermaßen die „Sprache des Mondes", da der Mond astrologisch gesehen das eigene Unterbewußtsein ist.

Auch bei telepathisch-telekinetischen Heilungen u.ä. kann man diese Bilder-Sprache brauchen.

So kann man z.B. bei einem Schwächeanfall im Wurzelchakra Feuer imaginieren, da Feuer das allgemeine Symbol für die Lebenskraft ist. Man erlebt ihre Bewegungen als Hitze (Kundalini) – in Afrika wird die Lebenskraft deshalb in manchen Kulturen „Lebensfeuer" („Kalifi") genannt.

Bei allen Arten von Verwirrung oder inneren Widersprüchen kann man im Herzchakra eine Sonne imaginieren, weil die Sonne das allgemeine Symbol für die strahlende Mitte und für die Seele ist.

Bei dem Gefühl der Orientierungslosigkeit oder der Sinnlosigkeit kann man im Scheitelchakra gleißend weißes Licht imaginieren, da diese Form des Lichtes das allgemeine Symbol für Gott oder für die Einheit hinter der Vielheit der Welt ist.

Diese drei Symbole finden sich in fast allen Kulturen, weil sie auf grundlegenden Erlebnissen im Alltag beruhen. Andere derartige Symbole sind z.B. der Seelenvogel (Erlebnis der Astralreise), die Muttergöttin in Kuhgestalt (Milch der Kuh) und das Großraubtier (Kraft).

Eine vollständige Darstellung dieser Bilderwelt und der sich aus ihr ergebenden „Sprache des Mondes" würde allerdings ein eigenes Buch füllen.

3. b)   Die eigene „Sprache des Mondes"

Für das Erlernen der Telepathie und vor allem für die richtige Deutung der dabei evtl. auftretenden Bildern ist hilfreich, die eigene innere Bilderwelt kennenzulernen. Dafür ist es wiederum förderlich, sich des öfteren die eigenen Träume, die eigenen Traumreisen, die im eigenen Leben auftretenden Omen (sinnvolle Zufälle u.ä.) und die Orakel, die man benutzt hat (Tarot, I Ging) u.ä. zu betrachten.

Um dies tun zu können ist es hilfreich, sich die eigenen Träume, Traumreisen, Orakel-Ergebnisse usw. aufzuschreiben und sie von Zeit zu Zeit zu betrachten. Dabei schaut man nach Wiederholungen, nach Ähnlichkeiten, nach Bildern, die oft gemeinsam auftreten und daher offenbar ein gemeinsames Thema bilden.

Es ist auch wichtig, unterscheiden zu können, was allgemeine Symboliken sind und was individuelle Symboliken sind.

Das Motiv der Muttergöttin, die im Jenseits die Seelenvögel wiedergebiert und die daher auch selber die Gestalt eines Vogels haben kann, ist weltweit verbreitet. Ebenso ist auch das Motiv des lebenspendenden Tranks, der auch die Wiedergeburt gibt, in sehr vielen Kulturen zu finden – dies ist eine Umdeutung der Muttermilch. Auch die Verwandlung in ein Großraubtier findet sich in vielen Mythen – das ist die erfolgreiche Identifizierung mit dem Großraubtier, durch die man die Kraft dieses Tieres erlangen kann (ein sehr alter Jagdzauber).

Hingegen wäre die Assoziation zwischen einer Rose und dem Tod ausgesprochen individuell – vielleicht hat man einen lieben Menschen verloren, der Rosen mochte und man hat deshalb auf dessen Grab einen Rosenstrauch gepflanzt.

Die zumindestens grobe Kenntnis der eigenen Bilder und auch der weltweit verbreiteten mythologischen Motive sind zwar nicht direkt für das Erlernen der Telepathie notwendig, aber die Kenntnis dieser Bilder hilft Mißverständnisse und Fehldeutungen zu vermeiden, die zu wenig hilfreichen Handlungen führen könnten.

Wenn man die Telepathie zur Magie ausweitet, also z.B. Symbole in Ritualen benutzt, mit denen man eine konkrete Wirkung erzielen will, ist es wichtig, die benutzten Symbole zu kennen, da die Wirkung der Magie manchmal stärker durch die verwendeten Symbole geprägt wird als durch die bewußte Absicht.

4. Die „Telepathie-Ebene"

4. a) Struktur und Dynamik

In den früheren magisch-mythologischen Weltbildern waren die Götter die wichtigsten Wesen auf der „telepathischen Ebene" – man könnte auch sagen, daß sie die wichtigsten Bilder auf dieser Ebene gewesen sind. Sie sind gewissermaßen die Eckpfeiler der Strukturen auf dieser Ebene.

Die Mythen, die über diese Götter erzählt wurden, waren ein Abbild der Dynamik in dieser „inneren Struktur".

Diese Ebene gibt es auch noch heute, sie ist nur nicht mehr das „offizielle Weltbild", sondern ist als das „kollektive Unterbewußtsein" unter der Ebene der Logik und der Naturwissenschaften verborgen.

Eine real existierende Ebene der Welt, die nicht mehr beachtet wird oder von der sogar gesagt wird, daß sie überhaupt nicht existiert, könnte Probleme bereiten, da sie wirkt, aber nicht gesehen und nicht verstanden wird. Das bedeutet nicht, daß man jetzt möglichst schnell religiös werden sollte, sondern lediglich, daß es sinnvoll ist, sich zu einmal zu fragen, was man über diese Ebene weiß.

Wie fast immer sind Experimente das beste Hilfsmittel, um über einen unbekannten Bereich mehr zu erfahren. Bei dem hier betrachteten Thema sind Traumreisen zu verschiedenen Gottheiten am naheliegendsten. Dabei kann man die Gottheiten nach allem möglichen fragen oder sie für alles mögliche um Hilfe bitten.

Ich habe z.B. über zehn Jahre lang darüber nachgedacht, woran eigentlich die Kooperative gescheitert ist, die den Bioladen betrieben hat, in dem ich 20 Jahre lang Mitinhaber gewesen bin: Wie konnte es ein Einzelner schaffen, die gesamte Macht an sich zu reißen, alle anderen zu vergraulen und ein Einzelunternehmer zu werden, dem der Bioladen gehört. Als ich für meine Bücherreihe zu den germanischen Göttern eine Traumreise zu dem Richtergott Forseti unternommen habe, habe ich ihn danach gefragt – ich habe vermutet, daß er sich als Richtergott mit Rechtsfragen und mit Streitigkeiten auskennt.

Er hat mir daraufhin erklärt, daß wir eine Gruppe von Menschen mit Opfer-Mentalität gewesen sind, die sich gegenseitig vor der Welt geschützt hat. Als dann ein „Wolf im Schafspelz" in unsere „Schafsherde" gekommen ist und sich still und leise eine Machtposition erobert hat, konnten wir „Schafe" uns nicht gegen den Wolf wehren, als wir erkannt hatten, was unter dem Schafspelz steckt. Forseti hat mir gesagt, daß Kooperativen nur dann funktionieren, wenn sie von einer Gruppe Menschen betrieben wird, die weder Opfer-Schafe noch Täter-Wolfs sind, sondern in sich selber ruhen und ihre Kraft in Gelassenheit und Zielstrebigkeit einsetzen.

Diese Gespräche mit den Göttern können also auch im Alltag ausgesprochen hilfreich sein. Dasselbe gilt natürlich auch dann, wenn man einen Gott oder eine Göttin nicht um Rat, sondern um Hilfe bittet.

Derartige Erfahrungen bilden dann die Grundlage für ein „erweitertes Weltbild", in dem auch Götter als ganz reale Quellen für Rat und Hilfe vorkommen. Dabei ist es zunächst einmal vollkommen egal, was Götter eigentlich sind – der wesentliche Punkt ist, daß sie das eigene Leben einfacher machen können.

Diese Gespräche mit den Göttern kann man auch technisch als „telepathische Informationsbeschaffung" bezeichnen – was allerdings ein etwas sperriger Begriff ist, der überhaupt nicht das Gefühl bei solchen Gesprächen mit Göttern und Göttinnen wiedergibt.

Man sollte bei diesen Gesprächen natürlich auch nicht einfach alles glauben, was man hört – man weiß ja zunächst einmal nicht, woher die Information kommt, die man gehört hat. Daher sollte man sich immer überlegen, ob man z.B. einen Rat befolgt oder nicht. Mit zunehmender Erfahrung wird dann die skeptische Experimentier-Haltung einem Vertrauen weichen können – aber man sollte trotzdem niemals sein eigenes Urteil aufgeben, da man sich sonst leicht in realitätsfernen Vorstellungen, in Abhängigkeiten, in Zwangshandlungen u.ä. verfangen könnte.

Das Zentrum des eigenen Handelns sollte immer die eigene Mitte bleiben, auch wenn man erlebt hat, daß man mit der Welt auf eine vielfältige Art verbunden ist – einschließlich der Telepathie zu anderen Menschen, Tieren, Pflanzen, Göttern, homöopathischen Kügelchen, Planeten und noch vielem mehr.

4. b)   Die eigene Mythologie

Wenn man sich mit den eigenen inneren Bildern beschäftigt hat und etwas vertrauter mit ihnen geworden ist, und wenn man Kontakt zu einigen Gottheiten geknüpft hat, kann man damit beginnen, die Verhältnisse zwischen den eigenen inneren Bildern zu erforschen und auch deren Verbindungen zu den Gottheiten. Den Kern der eigenen Mythologie bilden die eigene Seele, das eigene Krafttier, die eigene Kraftpflanze und der eigene Kraftstein.

Um diese Mythologie des eigenen Lebens zu erkennen, hilft es auch zu schauen, welche Dinge man immer wieder erlebt, welche Ängste und Süchte man hat, wie der eigene Lebensentwurf aussieht und was das eigene Horoskop dazu sagt.

Diese eigene Mythologie ist keine statische Struktur, die nicht verändert werden kann. Sie ist allerdings auch nicht beliebig änderbar – schließlich behält man sein ganzes Leben lang dasselbe Horoskop. Man kann allerdings das Niveau ändern, auf dem man sein eigenes Horoskop lebt. Dadurch ändert sich auch die eigene Lebensgeschichte und die eigene Mythologie.

Wenn man z.B. in seinem Horoskop ein Quadrat zwischen Pluto und Saturn hat, wird man im eigenen Leben generell eine Trennung (Quadrat) zwischen dem Wesentlichen (Pluto) und dem Beständigen (Saturn) haben.

Diese Konstellation kann man jedoch auf viele verschiedene Weisen leben:

> Als Vorort-Gangster, der tut, was er will (Pluto) und sich nicht (Quadrat) um das Gesetz (Saturn) schert;
>
> danach sitzt der Betreffende vielleicht im Knast, wo sich das Gesetz (Saturn) nicht dafür interessiert (Quadrat), was der Gangster will (Pluto);
>
> nach der Entlassung aus dem Knast könnte der Betreffende dann Sozialkritiker werden (Pluto kritisiert Saturn);
>
> vielleicht zieht er sich auch aus der Welt (Saturn) zurück (Quadrat) und meditiert (Pluto);
>
> möglicherweise wird er dann zum Heiler oder spirituellen Lehrer (Pluto), der außerhalb (Quadrat) jeglicher traditioneller Ordnungen (Pluto)steht;
>
> dann gründet man für ihn ein Kloster (Saturn), was ihm (Pluto) aber zu eng (Saturn) wird,
>
> sodaß er zum Einsiedler wird, sich von der Welt (Saturn) abwendet (Quadrat) und erleuchtet (Pluto) wird …

Die Erforschung der eigenen inneren Mythologie hilft, telepathisch das auszusenden, was man tatsächlich will – und nicht mehr die eigenen Ängste und Süchte auszusenden, wodurch das zu einem kommt, was man fürchtet, und das fernbleibt, was man ersehnt.

Das Problem mit der Telepathie ist, daß sie immer wirkt – man sendet die Bilder, die man in sich trägt, in die Welt hinaus, und ruft dadurch ein Echo zu den Bildern, die man in sich trägt, herbei. Um das zu erlangen, was man wirklich haben will, ist es folglich notwendig, die inneren Bilder zu erkennen und zu heilen.

Das Erlernen der Telepathie ist daher nicht das Erlernen der Fähigkeit, etwas telepathisch auszusenden, sondern zum einen, die inneren Bilder zu heilen, damit man sein Herz und nicht die eigenen Ängste und Süchte in die Welt hinausstrahlen läßt, und zum anderen die Bewußtwerdung dieses telepathischen Sendens. Wenn man das erreicht hat, ist man in der Lage, das telepathisch herbeizurufen, was wirklich das eigene Herz erfreut …

Dann ist man zum Magier geworden.

5.   Kontakt und Analogie

5. a)   Der „telepathische Umraum"

Es stellt sich die Frage, wie frei der eigene Wille und die Telepathie eigentlich sind. Das eigene Leben ist in seiner Grundstruktur durch das eigene Horoskop festgelegt und auch das eigene Krafttier, die eigene Kraftpflanze und der eigene Kraftstein bleiben das ganze Leben lang dieselben. Nun sind die Seele, das Horoskop, das Krafttier, die Kraftpflanze und der Kraftstein jedoch nichts, was im Außen steht, sondern die eigene Identität.

Die Seele ist das, was sich inkarniert hat und was das derzeitige Leben ausgesucht hat.

Das Horoskop ist die Qualität, die die Seele in ihrer derzeitigen Inkarnation erforschen will.

Das Krafttier ist das Tier, das von seiner Dynamik her dem Inkarnations-Impuls der eigenen Seele am ähnlichsten ist.

Die Kraftpflanze ist die Pflanze, die von ihrer Haltung her dem Inkarnations-Impuls der eigenen Seele am ähnlichsten ist.

Der Kraftstein ist der Stein, der von seiner Struktur her dem Inkarnations-Impuls der eigenen Seele am ähnlichsten ist.

Diese fünf Wesen bzw. Dinge sind ein Ausdruck der eigenen Identität und daher für dieses Leben unveränderlich. Sie sind das, was strahlen will, was ausgedrückt werden will, was Gestalt annehmen will. Dieses möglichst ungehinderte Strahlen ist letztlich das, was Glück ausmacht.

Dieses Strahlen ist Telepathie, die an das eigene Herzchakra angeschlossen ist und von ihm aus in die Welt strahlt.

Die Sonne der Seele im eigenen Herzchakra prägt die Bilder des Mondbereiches der eigenen Lebenskraft, die wiederum das aus der Welt telepathisch zu sich heranzieht, was zu diesen Bildern paßt.

An dieser Stelle beginnt der Bereich, an dem man das eigene Leben verändern und gestalten kann:

Solange man in der Haltung eines Mangels lebt, wird man entweder laut schreien und zum Süchtigen werden, oder schweigen und zum Asketen werden. Beide weichen von der heilen Mitte des Vertrauens und der Geborgenheit ab – und rufen daher telepathisch den Gegenpol in das eigene Leben: der hilfsbereite Asket braucht den hilfsbedürftigen Süchtigen – und umgekehrt.

Solange man in der Haltung einer Gefährdung lebt, wird man entweder laut schreien und zum Täter werden, oder schweigen und zum Opfer werden. Beide weichen von der heilen Mitte der Kraft und der Gelassenheit ab – und rufen daher telepathisch den Gegenpol in das eigene Leben: der machthungrige Täter braucht das ohnmächtige Opfer – und umgekehrt.

Solange man in der Haltung einer Selbstunsicherheit lebt, wird man entweder laut schreien und zum Star werden, oder schweigen und zum Fan werden. Beide weichen von der heilen Mitte der Selbstliebe und des Strahlens ab – und rufen daher telepathisch den Gegenpol in das eigene Leben: der größenwahnsinnige Star braucht den Fan mit dem Minderwertigkeitskomplex – und umgekehrt.

Diese sechs grundlegenden „kranken" inneren Bilder (Süchtiger und Asket, Täter und Opfer, Star und Fan) prägen die Bilder, die man telepathisch in die Welt hinaussendet.

Je extremer z.B. die Opferhaltung ist, desto extremere Dinge wird man auch mit Gewalt durch andere Menschen erleben.

Und je mehr man diese Opferhaltung auflöst und heilt, desto friedlicher und ausgeglichener wird das eigene Leben werden.

Es gibt noch eine Überlegung zur Telepathie, die in diesem Zusammenhang von Bedeutung ist: Der Lauf der Planeten steht bereits für die Zukunft fest – und entsprechend auch die Horoskope der Menschen, die in Zukunft noch geboren werden. Auch das eigene Leben wird durch das eigene Horoskop geprägt – und zudem auch noch durch das Verhältnis der Planeten, die gerade oben am Himmel stehen, zu den Planeten im eigenen Horoskop („astrologische Transite").

Das Drehbuch ist schon geschrieben, der Verlauf des eigenen Lebens liegt von seiner Struktur her schon fest – wo bleibt da die Freiheit?

Die Antwort ist dieselbe wie bei der vorigen Betrachtung: Man kann nichts daran ändern, daß der nächste Vollmond mit der ihm eigenen Spannung kommt, und man kann auch nichts daran ändern, daß im Alter von 28 Jahren der Saturn wieder da steht, wo er auch zum Zeitpunkt der Geburt gestanden hat und dadurch jedem Menschen das deutlich vor Augen hält, was er bisher aus seinem Leben gemacht hat – aber man kann diese Zyklen und Strömungen, die sich durch die Astrologie beschreiben lassen, auf einem verschiedenen Niveau ausleben.

Man kann z.B. an jedem Vollmond hektisch werden, aber man kann sich auch an jedem Vollmond bewußt eine Änderung im eigenen Leben vornehmen – das Erlebnis des Vollmondes wird dadurch vollkommen verschieden.

Man kann während der „Saturnphase" mit ca. 28 Jahren depressiv werden, aber man kann sich auch genau anschauen, wozu man sich bisher durch die eigenen Entschlüsse geformt hat – und Entscheidungen für sein weiteres Leben treffen.

Es gibt somit Strukturen, die bereits feststehen: die eigene Seele und die „Zyklen der Lebenskraft", die sich durch die Astrologie beschreiben lassen. Die Seele will von innen nach außen strahlen und das telepathisch in das eigenen Leben hereinrufen, was zu ihr paßt und wodurch sie sich am erfüllendsten selber ausdrücken kann. Die astrologisch beschreibbaren „Zyklen der Lebenskraft" geben die Qualität in der Welt vor, in der die Seele strahlen will.

Man kann beide Wirkungen, also das Strahlen der Seele und die Zyklen der Lebenskraft, als Telepathie auffassen: beides ist eine nicht-materielle Wirkung – das Strahlen der Seele ruft das in das eigene Leben hinein, was gerade zu ihr paßt (und zu den evtl. Angstbildern und Suchtbildern in der Psyche), und an dem Stand der Planeten läßt sich erkennen, welches „Wetter" gerade im Bereich der Lebenskraft herrscht.

Das einzelne bewußte oder halbbewußte Aussenden oder Empfangen von Telepathie steht immer im Zusammenhang mit diesen beiden Dingen und geschieht vor dem Hintergrund dieser beiden Dinge: das Strahlen der Seele von innen her in die Zyklen der Lebenskraft im Außen.

5. b)   Der eigene „telepathische Umraum"

Der Rat ist hier wieder derselbe wie schon in den vorigen Kapiteln: „Erkenne Dich selbst."

Um diese Empfehlung, die über dem Tor des Orakel-Tempels von Delphi steht, im eigenen Leben umzusetzen, kann man Traumreisen zu der eigenen Seele machen, das eigene Krafttier tanzen, sich das eigene Horoskop deuten lassen – und vor allem in sich selber hineinlauschen, um zu spüren, was in einem ist, wo man aufrichtig und gelassen ist, wo ängstlich und wo süchtig … und dann schauen, wie man das, was sich gut anfühlt, fördern kann, und wie man das, was sich krankt anfühlt, heilen kann.

Die Weiterentwicklung der eigenen telepathischen Fähigkeiten ist letztlich vor allem ein Selbstheilungsprozeß.

6.   bewußte und unbewußte Telepathie

6. a)   Geborgenheit

Das Erlernen der Telepathie unterscheidet sich deutlich z.B. vom Erlernen der Physik oder der Wirtschaftswissenschaften: Beim üblichen Lernen muß man die Außenwelt betrachten, Experimente durchführen, Dinge auswendig lernen und das Wissen dann anwenden können. Beim Erlernen der Telepathie muß man die eigene Innenwelt betrachten, Experimente durchführen, die eigene Mythologie kennenlernen und diese Mythologie dann auf einem möglichst hohen Niveau in der Außenwelt leben.

Beim Erlernen der Naturwissenschaften ist der Blick vor allem nach außen hin auf die Welt gerichtet – beim Erlernen der Telepathie ist der Blick vor allem nach innen hin auf das die eigene Lebenskraft, den eigenen Astralkörper und die eigene Seele gerichtet.

Beim Erlernen einer Naturwissenschaft ist man interessiert, aber distanziert – die Formel „$E= mc^2$" ist zwar sehr interessant, aber ihr Verstehen ändert nicht viel an der eigenen Befindlichkeit.

Beim Erlernen der Telepathie ist man hingegen sowohl interessiert als auch beteiligt – die Erkenntnis, zu welcher Gottheit die eigene Seele die engste Verbindung hat und welche Mythologie das eigene Leben daher aufweist, kann das eigene Lebensgefühl in sehr großem Maße verändern.

Die von den Naturwissenschaften betrachtete äußere Welt verhält sich immer gleich, wodurch es recht einfach ist, objektive und allgemeingültige Beschreibungen zu formulieren.

Bei der Telepathie hat man es hingegen mit einem Bereich zu tun, den man sich zwar bewußt machen kann, aber in dem vieles unbewußt abläuft, weshalb es nicht so einfach ist, allgemeingültige Aussagen zu treffen – und wo eine zutreffende Beschreibung der eigenen, ganz subjektiven Situation meistens auch sehr viel interessanter ist.

Da die Telepathie oft unbewußt abläuft, kommt es zumindestens in der Zeit, in der man noch lernt, sich des eigenen Inneren bewußter zu werden, des öfteren dazu, daß man intuitiv etwas Sinnvolles sagt oder tut und garnicht weiß, woher der Impuls zu diesen Worten oder dieser Handlung gekommen sind.

Zudem treten auch immer wieder angenehme „sinnvolle Zufälle" auf, die manchmal auch ohne das eigene Wünschen „einfach so" auftreten.

Diese unbewußte Telepathie, die das eigene Leben bereichert, hat ihre Wurzel in dem Strahlen der eigenen Seele – in ihrem Wunsch nach Selbstausdruck. Diese unbewußte Telepathie kann daher zu dem Erlebnis der Geborgenheit in der Welt führen:

Die Welt spiegelt einem das, was man gerade ausstrahlt, wider;

das, was man ausstrahlt, kann man durch Selbsterkenntnis verändern, was wiederum die äußeren Ereignisse verändert;

und die Seele strahlt im eigenen Inneren und man braucht nur ihr Licht ungehindert nach außen in das eigene Leben strahlen zu lassen, um glücklich zu werden.

Man braucht nur zuzulassen, daß man selber man selber ist …

Dieses Arrangement auf der Lebenskraftebene führt dazu, daß man in der Welt geborgen ist – es geschieht das, was zu einem paßt bzw. man erhält das, was zu dem paßt, was man ausstrahlt. Daher braucht man „nur" die eigenen Ängste und Süchte und Selbstzweifel aufzulösen, um das zu erhalten, was der eigenen Wahrheit im eigenen Herzchakra entspricht.

6. b) Vertrauen und Verantwortung

Die Betrachtung in dem vorigen Abschnitt zeigt, daß man die Verantwortung für das trägt, was man erlebt: Die inneren Bilder rufen telepathisch aus dem Außen das herbei, was zu diesen inneren Bildern paßt. Man ist seines eigenen Glückes Schmied …

Aus dieser Verantwortung ergibt sich zugleich aber auch ein Vertrauen in die Welt – eben weil die Dinge nicht zufällig geschehen, sondern von dem Strahlen des eigenen Herzens und von den Zyklen der Lebenskraft abhängen – und davon, auf welches Niveau man den eigenen Selbstausdruck gehoben hat, d.h. wieviel man von den eigenen Ängsten und Süchten und Selbstzweifeln schon geheilt hat.

Vertrauen und Verantwortung ergeben sich beide aus einer Verbundenheit mit der Welt – und Telepathie ist eine „nichtmaterielle Verbundenheit" eines Menschen mit einem anderen Menschen oder einem Tier, einer Pflanze oder einem Ding. Vertrauen bedeutet, daß man von der Welt getragen wird – Verantwortung bedeutet, daß man die Welt trägt.

Vertrauen und Verantwortung sind somit zwei Qualitäten bzw. Verhaltensweisen, die sich direkt aus dem Erleben der Telepathie ergeben – und die daher ihrerseits auch die Weiterentwicklung der Telepathie fördern.

Der Weg dorthin ist immer derselbe: sich selber anschauen, zu sich selber freundlich sein, das Auffällige im eigenen Leben anzusehen und zu schauen, wo es in das eigene Bild paßt und auf welche Weise es Sinn macht.

Durch diese Form der gelassenen, strahlenden Aufmerksamkeit heilt man sich selber, findet man seinen Weg und erlangt man nebenbei eine immer größere Bewußtheit in der Telepathie.

7. Die frei verfügbaren Informationen

7. a) Modelle des „großen Ganzen"

Das Modell des „großen Ganzen" findet sich in vielen Religionen und Weltbildern: Gott in den monotheistischen Religionen, das Tao der Chinesen, das Sein der Philosophen, die Einheit der Mystiker, das kollektive Unterbewußtsein in der Psychologie und vieles mehr.

Die mehr experimentierfreudigen Vertreter der unterschiedlichsten Religionen, also die Schamanen, Mystiker, Yogis, Sufis usw., haben danach gestrebt, dieses „große Ganze" direkt zu erleben. Aus diesem Streben sind nach und nach verschiedene Beschreibungen des Weges zu diesem Ziel entstanden, die alle gemeinsam haben, daß sie als ein Weg mit verschiedenen Stufen beschrieben werden: die Himmelsleiter der christlichen Mystiker, der Rosenweg der Sufis, das Yoga-System der Yogis, der Lamrim („Stufenweg") der tibetischen Lamas, der kabbalistische Lebensbaum der jüdischen Mystiker, die Stufenpyramiden in Mesopotamien, China und Mittelamerika usw.

Auf diesem Weg gibt es eine Stufe, auf der eine Form der Allwissenheit entsteht – genauer gesagt, eine Durchsichtigkeit der Welt, aufgrund derer man alle Informationen erlangen kann. Auf dieser Stufe erreicht man offensichtlich die „vollkommene Telepathie".

Während man bei der Astralreise den eigenen Körper verläßt und mit dem eigenen Bewußtsein und der eigenen Wahrnehmungsfähigkeit im Außen zu dem Ort reist, den man sehen will, reist man auf dem Stufen-Weg nach innen in die Einheit der Welt, zu Gott – und gelangt dabei unterwegs an einen Ort, an dem die Welt durchsichtig wird und an dem nichts mehr verborgen ist.

Dieser Ort liegt in den verschiedenen Systemen immer an derselben Stelle: Der Weg beginnt stets mit dem eigenen Körper, führt über die eigenen Psyche zur eigenen Seele, dann in den Bereich der Götter und schließlich zu dem einen Gott. Der Ort, an dem dem Wanderer auf der Himmelsleiter alle Informationen zugänglich sind, liegt an der oberen Grenze des Bereichs der Seelen – dort wo dieser Bereich an den Bereich der Gottheiten stößt.

Diese Lage ergibt sich aus der inneren Logik des Stufenweges:

Im Bereich des Körpers ist alles getrennt. Hier sieht man mit den physischen Augen und die Dinge sind von außen her beleuchtet.

Im Bereich der Psyche sind die Dinge miteinander assoziiert, d.h. telepathisch verbunden. Hier sieht man die inneren Bilder, die meistens farblose Schemen sind und in einem Bereich von diffusem Licht stehen, das keine erkennbare Quelle hat.

Der Bereich der Seelen besteht aus den Zentren der Menschen, Tiere und allen anderen Wesen. Hier leuchten die Dinge von innen her und sind farbig.

Im Bereich der Götter gibt es keine Abgrenzungen mehr, sondern nur Qualitäten, die sich überlagern können – Götter sind grenzenlos wie das Licht. Hier sieht man Konturen im Licht.

Im dem Bereich, der Gott darstellt, gibt es nur die Einheit, das eine gleißend-weiße Licht.

Am Übergang vom Bereich der Psyche zum Bereich der Seele beginnen einzelne Teile der Bilder, die man sieht, von innen her farbig zu leuchten, die Konturen der Bilder werden extrem scharf und alle Formen sind sich ständig am wandeln.

Eine ähnliche markante Qualität findet sich auch am Übergang von dem Bereich der Seelen zu dem Bereich der Götter. Die Seele ruht in sich selber und ist von Selbstliebe erfüllt – sie kann also alles, was da ist und was sie selber ist, ohne Angst anschauen. Je näher man dem Bereich der Götter kommt, desto mehr sieht man – nicht nur den Charakter der eigenen Seele, sondern auch ihre Motivation für ihr derzeitiges Leben und schließlich auch ihre vergangenen Inkarnationen.

Auf die ungehinderte Selbstwahrnehmung der Seele folgt in einer zweiten Stufe die Erkenntnis der Motivation der Seele, die sie zu ihrer derzeitigen Inkarnation veranlaßt hat, und in einer dritten Stufe die Erinnerung an ihre gesamten Inkarnationen. Diese Weitung der Sicht führt schließlich dazu, daß der Radius ihrer Wahrnehmung unbegrenzt wird.

Diese unbegrenzte Wahrnehmung ist die Voraussetzung dafür, daß man den nächsten Schritt tun kann – nur wenn man alles, was da ist, gelassen betrachten kann, kann man in den Bereich der Götter gehen und jede Abgrenzung aufgeben und die eigene Identität in der eigenen Qualität und nicht mehr in den eigenen Grenzen verankern.

Diese unbegrenzte Wahrnehmung wird als „Durchsichtigkeit" der gesamten Welt erlebt – nichts ist mehr verborgen, alles ist mühelos telepathisch sichtbar geworden …

Um zu der umfassenden Telepathie, also zu der Allwissenheit zu gelangen, muß man zunächst einmal bereit werden, auch alles zu sehen und zu wissen – was nicht so einfach ist, wie es vielleicht klingen mag, da dieses Wissen neben allen verborgenen Ängsten, Süchten und Selbstzweifeln z.B. auch das Datum des eigenen Todes in der eigenen derzeitigen Inkarnation beinhaltet.

Die Grenzlosigkeit des Bereichs der Gottheiten ist Buddhas Kriterium, mit dem er einen Erleuchteten beschreibt, der somit ein „Wanderer in der Welt der Götter" ist:

> In Buddhas Lehre ist dieser Ort mit dem Erlangen der vier „grenzenlosen Qualitäten" eines Erleuchteten verbunden:
>
>> grenzenlose Gelassenheit (Gleichmut, alles annehmen, alles bejahen),
>> grenzenloses Mitgefühl (die Erkenntnis, das alles miteinander verbunden ist),
>> grenzenlose Liebe (der auf die gesamte Welt ausgeweitete Egoismus) und
>> grenzenlose Freude (das Erlebnis der Einheit, die der Vielheit zugrundeliegt).

Es wäre natürlich praktisch, wenn man eine detaillierte Anleitung dafür geben könnte, wie man in diesen Bereich gelangt. Es gibt natürliche die anfangs erwähnte Yoga-Lehre, den tibetischen Lamrim, den Rosenweg der Sufis, den kabbalistischen Lebensbaum usw., die alle in ihren Grundzügen miteinander übereinstimmen, aber da die Menschen alle sehr verschieden sind, gibt es zwar allgemeine Beschreibungen, aber kein allgemeingültiges „Kochrezept", das immer und für jeden funktioniert – der Weg zu dieser „vollkommenen Telepathie" ist für jeden individuell.

Eine der größten Hilfen auf diesem Weg ist das Erleben dieses Zustandes bei einem anderen Menschen. Es ist aber auch ohne Vorbild und Guru möglich, zu diesem Erlebnis zu gelangen.

Die Beschreibung dieser Wege erfordert jedoch zu viel Raum, um in diesem Buch eingefügt zu werden – den Weg des kabbalistischen Lebenbaumes habe ich in den drei Bänden „Blüten des Lebensbaumes" dargestellt.

7. b)   Eine Traumreise auf dem kabbalistische Lebensbaum

Es scheint mir am einfachsten, den eben beschriebenen „durchsichtigen" Bereich, in dem alle Informationen zugänglich sind, einigermaßen anschaulich darzustellen, indem ich die Traumreise schildere, auf der ich das erste mal zu diesem Bereich gelangt bin.

Diese Traumreise haben mein Freund Jörg und ich vor ca. 15 Jahren unternommen, weil ich zu dem Schluß gekommen war, daß ich, um in meinem Leben zurechtkommen zu können, wissen müßte, warum sich meine Seele eigentlich dazu entschlossen hat, ausgerechnet dieses Leben zu leben und so einen komischen Harry zu erschaffen.

Die Traumreise begann damit, daß ich in meiner Erinnerung erst in Fünfjahres-schritten und dann in Jahresschritten Richtung Geburt zurückgekehrt bin und dabei Jörg bei jedem Schritt gesagt habe, wo ich gerade bin. Da ich mich bereits an meine Geburt erinnern konnte, war der Weg bis dahin recht einfach. Jörg hatte in diesem Teil nur vereinzelte, flüchtige Bilder von meinem Leben und fühlte sich eher außen vor.

Zunächst war die Wahrnehmung aus der Zeit vor meiner Geburt so, wie man sich sie auch vorstellen würde: gedämpftes Licht, warm, schwerelos, kein eigenes Atmen, Essen oder Trinken – eher Ruhen und Warten.

Beim Erreichen des Zeitpunktes von 4 Wochen nach der Zeugung änderte sich die Wahrnehmung: ich war ein Bewußtsein und eine Wahrnehmung, die eine Kugel bildete und über den Leib meiner Mutter ca. 10cm hinausragte.

Bei 3 Wochen nach der Zeugung war diese Kugel deutlich größer (Durchmesser ca. 1,5 m) und die Kugel schien um ihren Mittelpunkt zu kreisen, der im Leib meiner Mutter verankert war.

Bei 2 Wochen nach meiner Zeugung war diese Kugel noch größer (Durchmesser ca. 4m) und mein Bewußtsein befand sich wie eine Kugel innerhalb dieser Kugel auf einer Umlaufbahn, wodurch sich eine Art Wirbel ergab.

1 Woche nach meiner Zeugung war dieser Zustand in etwa gleich, nur fühlte sich die Verankerung noch sehr lose an.

Zum Zeitpunkt meiner Zeugung befand ich mich in der Nähe meiner Eltern und konnte ihre Gefühle wahrnehmen. Ich habe mich kurz gefragt, ob das jetzt indiskret ist, aber da ich ja in gewisser Weise die Hauptperson bei diesem Ereignis war, beschloß ich, daß das so o.k. ist.

Als ich dann vor meine Zeugung zurückgekehrt bin, sah ich meine Seele in sich versunken in einer schweren, ernsten, fast gedrückten Stimmung und ich habe mich gefragt, ob sich alle Seelen kurz vor der Zeugung ihres zukünftigen Körpers so fühlen.

Ich hatte das Gefühl, daß Jörg nun neben mich kommen könnte, da ich mich nun außerhalb meiner Erinnerungen als Harry befand und wir nun in dem gewohnten Bereich der Traumreise waren. Ich frug Jörg danach und als er einverstanden war, sandte ich einen Lichtstrahl von mir zu ihm, um den Weg zu mir zu markieren. Als der Lichtstrahl bei ihm ankam, hatte ich das Gefühl, ich solle ihm entlang des

Lichtstrahles meine Hand reichen (nur in der Vision, nicht mit meiner materiellen Hand) und ihn zu mir herüberziehen.

Bei diesem Herübergezogenwerden hatte Jörg das Gefühl, durch mehrere Seiten des Ägyptischen Totenbuches gezogen zu werden.

Als er dann neben mir war, betrachteten wir die Seele und Jörg wies mich darauf hin, daß die Seele hier vor einem Platz sitzt, der wie eine Arena wirkt. Auf unsere Fragen an die Arena nach ihrem Wesen erhielt Jörg die Antwort 'Vorbereitung' und ich 'Platz des Schweigens' – also ein Platz der schweigenden Vorbereitung der Seelen auf ihre nächste Inkarnation.

Auf meine Frage an den 'Platz des Schweigens', wo ich Informationen über meinen Entschluß zu diesem Leben erhalten könnte, wurde ich von ihm zu einem Ort weit hinter mir verwiesen. Jörg und ich drehten uns um und flogen dorthin. Ich sah eine große runde Kugel, deren Oberfläche große Schlieren hatte, wie von einer langsam- fließenden Flüssigkeit.

„Apachenträne", sagte Jörg (=Rauchobsidian).

„Paßt gut," entgegnete ich, „in der Steinheilkunde ist der Rauchobsidian der Stein, der einen zu dem zurückbringt, was man ursprünglich einmal gewollt hat. Und die Schlieren in der Kugeloberfläche haben wirklich Ähnlichkeit mit der fließenden Lava, aus der der Rauchobsidian ja entsteht. – Schau mal, da ist ein Raum innen in der Kugel und eine Art Sitz. Ich gehe mal hinein."

„Ich bleibe draußen – der Ort ist nicht für mich zugelassen."

„Ja, das fühle ich auch so."

Auf dem Sitz fühlte ich wieder die Schwere im 'Gemüt' der Seele, die ich in ihr auch schon an dem 'Platz des Schweigens' gespürt hatte.

Als ich mich mit meiner Seele vereint hatte und dort in der Kugel auf dem Sitz saß, konnte ich mein Bewußtsein nur nach vorne auf die kommende Inkarnation richten – offenbar war meine Seele ausschließlich mit dem Entschluß für diese Inkarnation beschäftigt.

Es gelang mir nicht, konkretere Informationen von ihr über den Grund für dieses kommende (mein jetziges) Leben zu erhalten. Auf meine Frage an meine Seele erschien aber links hinter mir eine Art von Lichtstrahlen, die zu der von mir erwünschten Information hinwiesen.

„Wir müssen noch weiter, Jörg, hier gibt es die Informationen noch nicht."

Wir flogen auf die Quelle dieses Lichtes zu und waren überrascht, ein riesiges, weißstrahlendes Gebäude zu sehen, in dem und vor dem es nur so von ebenfalls weißstrahlenden Menschen wimmelte. Das turmartige Gebäude war weit größer, als alles, was es bisher an von Menschen errichteten Gebäuden gibt.

Als wir das Gebäude betreten wollten, spürten wir, daß das für uns verboten ist.

„Nur Tote dürfen das Haus betreten," sagte Jörg, „es sei denn, man erfüllt bestimmte Bedingungen."

„Welche Bedingungen?"

„Weiß ich nicht."

„Wen sollen wir fragen? Den Pförtner des Hauses?"

„Ja, das habe ich auch gerade gedacht."

Vor dem Pförtner-Fenster war ein großes Menschengedränge und es dauerte eine Weile, bis ich zu dem Fenster gelangte und dem Pförtner meine Frage stellen konnte.

„Die Bedingung ist, daß jeder Lebende, der den Grund für seine Inkarnation erfährt, seiner Wahrheit folgen muß."

Als ich Jörg diese Antwort mitteilte, stimmte er mir zu: „Ich habe als Antwort erhalten, daß nach dem Betreten dieses Hauses die Rest-Freiheit, die man aufgrund seiner Unwissenheit hat, verschwindet und man an seinen Entschluß (zu seiner derzeitigen Inkarnation) gebunden ist."

Nach kurzem Überlegen beschloß ich, diese Bedingung anzunehmen und teilte dies dem Pförtner mit, woraufhin ich in das Haus eintreten konnte.

Jörg sagte mir, er müsse außen bleiben, könne aber in das Haus hineinsehen, da wir auf unserer früheren Traumreise hierher nach Chesed schon einmal in diesem Gebäude, das damals etwas anders ausgesehen hatte, gewesen sind.

„Es ist schon seltsam wieviele 'Tote' es gibt – das macht man sich normalerweise garnicht so klar ... und sie sehen lebendiger aus als die Lebenden." meinte Jörg.

In dem Gebäude waren ebenfalls sehr viele weißstrahlende Menschen. Ich wünschte mich in dem Gebäude an den richtigen Ort und gelangte in einen großen, hohen, länglichen Raum, der an eine gotische Kirche erinnerte. In diesem Raum befand sich im mittleren Drittel (von der Höhe her gesehen) sehr viel Angst.

Als ich die Stirnwand des Raumes betrachtete, erschien dort ein großes Bild, wodurch der Raum wie ein Kino wirkte. Auf der 'Leinwand' konnte ich eine Landschaft vorbeiziehen sehen, die mir bekannt vorkam. Dann kam eine Szene, in der ich meinen Tod in einem meiner früheren Leben, von dem ich bereits einige Visionen gehabt hatte, sehen konnte.

„Schau mal an die Wände", sagte Jörg, „dort sind Gesichter."

Als ich an den Seitenwänden emporblickte, sah ich auch diese Gesichter und ich erkannte sie als meine früheren Inkarnationen, die ich z.T. auf früheren Traumreisen schon gesehen hatte. Als ich sie betrachtete und dachte, wieviel Angst hier ist, korrigierte mich eines der Gesichter: „Angst, Gier und Haß!"

Etwas ratlos schaute ich mich um.

„Dieser Raum ist nicht nur ein 'Kino', sondern auch eine 'Bibliothek'," meinte Jörg.

Als ich überlegte, wo ich in diesem Raum die Informationen über die Absicht meiner Seele für mein jetziges Leben finden könnte, spürte ich vorne über dem Raum ein großes, helles, weißes Licht, das auch Jörg im oberen Drittel des Gebäudes strahlen sehen konnte und dessen Namen ich spontan als 'Weisheit' erkannte.

Das Sprechen mit diesem Licht war sehr einfach und die Antworten kamen sehr *klar. Ich wünschte mich hinüber zu dem Licht. Von außen betrachtet wirkte es fast endlos, von innen her (als ich mich mit dem Licht verbunden hatte), waren seine Grenzen deutlich zu erkennen. Es hatte keine innere Struktur, lediglich diese äußere Grenze, die man aber von außen her fast nicht erkennen konnte.*

Ich meinte zu Jörg: „Ich glaube dieses Licht ist die höchste Form, die ein Lebewesen annehmen kann, das noch abgegrenzt ist."

Als ich dieses Licht nach der gewünschten Information frug, zeigte es mir eine Stelle an der Wand des Raumes, in dem sich das Licht befand.

„Dahinter liegt das Wissen, die Kenntnis Deines ganzen Lebens."

„Wenn ich die Absicht für mein jetziges Leben erfahren will, bedeutet das, daß ich den gesamten Verlauf meines jetzigen Lebens erfahren werde?"

„Ja."

„Mmh, ich glaube, ich überlege mir das noch eine Weile – das möchte ich lieber nicht überstürzen."

Ich bedankte mich und ging wieder hinaus zu Jörg: „Den gesamte Verlauf meines Lebens zu kennen ist ja schon recht merkwürdig – das verändert vollständig die Perspektive."

„Ja, dann verschwindet die Freiheit, so wie der Pförtner es gesagt hat."

„Sie verschiebt sich eher von der Ebene meiner Psyche auf die Ebene meiner Seele."

„Aus der scheinbaren Freiheit oder begrenzten Freiheit während des Lebens wird dann die Freiheit des Entschlusses zu diesem Leben."

„Nun, dazu paßt es auch, daß man durch diese Kenntnis zur Treue zur eigenen Wahrheit verpflichtet wird."

„Gibt es hier noch etwas Wichtiges zu tun, Jörg, bevor wir zurückkehren? – Ich glaube, da vorne links ist etwas, wo wir noch einmal hinsollten."

Wir kamen zu einer Art Teich oder Brunnen, der von einer gut kniehohen Mauer umgeben war und in dessen Mitte sich eine weitere kleine, kreisrunde Mauer befand.

Jörg: „Wie heißt der Ort?"

„Ich bekomme als Antwort 'See der Erinnerungen'."

„Was sollen wir hier?"

„Die Hand hineinhalten oder davon trinken."

„Eine Münze hineinwerfen."

„Es scheint also um eine symbolische Kontaktaufnahme zu gehen. Und es scheint wichtig zu sein, daß nicht nur einer von uns, sondern wir beide den Kontakt aufnehmen."

Also beugten wir uns beide über das Wasser und nahmen Kontakt auf. Ich sah einen Drachen im chinesischen Stil und Jörg Kriegsszenen. Als wir uns darüber austauschten, wechselten die beiden Szenerien zwischen uns.

Jörg: „Da es für uns beide wichtig zu sein scheint, laß uns hineingehen."

„Na gut.“

Die Szene wurde sofort deutlicher und wir standen vor einem Drachen, der uns in sein Feuer hüllte.

„Das Feuer bedeutet einen Segen mit Stärke, Jörg.“

Ich legte eine Hand auf die Schuppen des Drachen und fühlte die glattgescheuerte, glänzende Hornschuppe und die länglichen Erhöhungen und Grate auf ihr und sagte verwundert: „Komisch, ich habe noch nie einen Drachen angefaßt.“

Dann mußte ich fast lachen, als mir bewußt wurde, was ich da gesagt hatte.

Nach einer Weile kehrten wir dann nach oben vor den Brunnen zurück. Dort spürten wir, daß es wichtig ist, in diesem Fall genaudenselben Weg zurückzukehren, den wir gekommen waren. Was wir dann auch taten.

Die „Lebenskraft-Kugel“ kann man bei Schwangeren in den ersten 3-4 Wochen recht deutlich spüren und daran die Schwangerschaft der Frau erkennen.

Der Platz des Schweigens in dieser Vision heißt auf dem Lebensbaum „Tiphareth“ – der Bereich der einzelnen Seele.

Die Kugel aus Rauchobsidian heißt auf dem Lebensbaum „Geburah“ – der Bereich des Karmas, d.h. der Motivation der Seele zu ihrer derzeitigen Inkarnation. Der Drache, den wir auf dem Rückweg getroffen haben, gehört auch in diesen Bereich.

Das große Gebäude heißt auf dem Lebensbaum „Chesed“ – der Bereich der Durchsichtigkeit, in dem man alle Informationen finden kann. Dieser Bereich wird manchmal auch „Akashachronik“ genannt.

Die Akashachronik, also der Saal der Erinnerungen an die früheren Inkarnationen ist eine detailreiche Variante des Erlebnisses, das bisweilen bei der Traumreise zur eigenen Mitte auftritt: die Personen, die ihre eigene Seele gefunden haben (Tiphareth), gehen manchmal noch weiter bis sie zu einem Kreis von Menschen kommen, die dieser Person wie Brüder und Schwestern erscheinen (Chesed) – wobei den Traumreisenden nur in den seltensten Fällen sofort deutlich wird, daß dies ihre Gestalten in ihren eigenen früheren Inkarnationen sind.

Die Gesichter an den Wänden dieser Halle waren meine früheren Inkarnationen.

Die 'Toten', die wir in Chesed gesehen haben, sahen deshalb lebendiger als die Lebenden aus, weil sie nur noch Seelen ohne Psyche waren und das Strahlen der Seelen daher nicht durch die Ängste, Süchte und Selbstzweifel in der Psyche abgedämpft worden ist.

Der Brunnen ist der Beginn des Pfades zwischen Chesed und Geburah – genauso wie der Lichtstrahl, dem wir von der 'Apachenträne' aus zu dem 'großen Gebäude' nach Chesed gefolgt sind.

Die „Kugel“, in der ich mich in den ersten vier Wochen nach meiner Zeugung gesehen habe, bestehen aus der „Substanz“ der Psyche, also aus Lebenskraft.

Von der Seele aus ist es leicht, in die Psyche zu blicken, aber von der Psyche aus können die meisten Menschen nur bis zu einem Alter von ca. 5 Jahren ab und zu in den Bereich der Seele blicken. Die Grenze zwischen Psyche und Seele bleibt danach solange weitgehend undurchsichtig, bis man seine eigene Psyche wieder weitestgehend harmonisiert und geheilt hat.

Dieser Effekt führt dazu, daß zwar die Seele alle ihre bisherigen Inkarnationen sehen kann, aber daß das Bewußtsein innerhalb einer einzelnen Inkarnation sich zwar in den ersten fünf Jahren noch an ihre eigene Seele erinnern kann, aber sie danach vergißt und auch nicht mehr ihre früheren Inkarnationen sehen kann. Diese Erinnerung erlangt man in der Regel erst wieder durch Meditationen und Traumreisen.

Die innere Stimme, die manchmal sehr deutlich zu einem Menschen sprechen kann und meist die zentralen Hinweise im eigenen Leben gibt, kommt vermutlich hier von Chesed von dem Licht der Weisheit. Dieses Licht der Weisheit, also die Essenz der eigenen Seele und aller ihrer bisherigen Inkarnationen, gibt sozusagen an den wesentlichen Punkten im Leben unterstützende Regieanweisungen für das normale Wachbewußtsein in der Welt – Telepathie von der Weisheit der Seele an das Alltags-Wachbewußtsein.

Ich habe mir bis heute noch nicht den Rest meines Lebens angeschaut, aber vermutlich wird das irgendwann anstehen – was bedeutet, daß ich dann meine Mitte von meiner Psyche zu meiner Seele verschieben werde, sodaß dann meine Seele anstelle meiner Psyche zu meiner Identität wird. Eine derart gravierende Verwandlung sollte man, scheint mit, jedoch nur nach reiflicher Überlegung und gut vorbereitet angehen.

Der Bereich, in den diese Traumreise geführt hat, ist der Bereich, in dem die Tulkus zuhause sind und in dem sie voll wahrnehmungsfähig und voll handlungsfähig geworden sind. Die Tulkus sind die ca. 1000 tibetischen Mönche, die in der Lage sind, sich zum einen an ihre vorigen Leben zu erinnern (einschließlich des Wissens, das sie damals besessen haben) und zum anderen auch ihre zukünftigen Leben vorherzusehen und vorherzusagen.

Diese Informationen kann man in dem „großen Gebäude" in einer Traumreise zu diesem Chesed-Gebäude erhalten. Dieser Ort kann natürlich für jeden Traumreisenden etwas anders aussehen, aber der innere Aufbau ist derselbe, da er sich aus der Funktion dieses Ortes ergibt.

Man muß natürlich nicht unbedingt eine Traumreise zu diesem Bereich unternehmen, wenn man ihn kennenlernen will, aber eine Traumreise ist eine recht zuverlässige und einfache Methode, um einen ersten Kontakt herzustellen.

Es ist auch keinesfalls mit der Traumreise getan, denn man wird erst dann die „Allwissenheit" erhalten und aushalten und sogar genießen können, wenn man nichts mehr fürchtet, was an Gefühlen und Bildern im eigenen Unterbewußtsein liegt. Diese ungeheilten Bilder sind das, was die Psyche undurchsichtig macht, also Teile von ihr unbewußt werden läßt – was letztlich die Telepathie behindert.

Die „vollkommene Telepathie" erfordert zuvor eine vollkommene Heilung der eigenen Psyche.

Genaugenommen ist die Telepathie im Sinne einer Entsprechung zwischen Innen und Außen immer vollkommen da – es ist nur die Bewußtwerdung dieser Verbindungen und der gesamten Welt, die normalerweise begrenzt ist.

Traumreisen zu zweit sind eine Möglichkeit, eine größere Konzentration zu erreichen als bei Traumreisen, die man alleine unternimmt. Für größere oder wichtigere Unternehmungen, die in Neuland führen wie hier die Reise zu der eigenen Seele, um sie nach ihrer Absicht für diese Inkarnation zu befragen, sind daher solche „Team-Traumreisen" empfehlenswert.

Auf diesen Reisen sind beide Traumreisenden in demselben Bild und unterhalten sich während der Reise, d.h. sie sprechen ganz normal mit dem Mund und nicht telepathisch. Die Bilder, die beide sehen, werden jedoch telepathisch koordiniert – was sich daran zeigt, daß man oft etwas sieht, was der andere dann ausspricht, bevor man selber etwas dazu sagen konnte.

7. c) Eine Stufenweg-Meditation

Man kann die verschiedensten Systeme benutzen, um zu solchen Erlebnissen wie der eben geschilderten Traumreise zu kommen. Da man dabei auch näher zu dem alles umfassenden „Telepathie-Geflecht" kommt, sind derartige Traumreisen und Meditationen auch ein Hilfsmittel, um die eigenen Telepathie-Fähigkeiten zu fördern – diese Methode ist zwar indirekt, da man nicht gezielt die Telepathie übt, aber trotzdem wirksam, da man dadurch mit dem Bereich, in dem die Telepathie stattfindet, vertrauter wird.

Der einfachste Ansatz zu solchen Traumreisen und Meditationen ist die Vorstellung, schrittweise in der eigenen Vorstellung einen der Stufenwege zu gehen, die von der Vielheit im Hier und Jetzt zu der allem zugrundeliegenden Einheit führen. Dabei ist es natürlich am sinnvollsten, zunächst einmal einen Weg zu benutzen, der einem schon vertraut ist. Dies kann, wie schon erwähnt, die Himmelsleiter der christlichen Mystiker, der kabbalistische Lebensbaum der jüdischen Mystiker, der Rosenweg der Sufis, das Yoga-System der Yogis, der Lamrim der tibetischen Lamas oder sonst einer der vielen Systeme sein, die es inzwischen zu diesem Weg gibt.

Auch die nordindischen und tibetischen Mandala-Meditationen sind ein Stufenweg: Zunächst wird ein konzentrisches Bild entworfen, das alle Aspekte der Welt enthält. Dann werden alle Erinnerungen des Meditierenden in dieses Mandala eingeordnet, sodaß er sich und die gesamte Welt in diesem Mandala sieht. Schließlich geht er von der Vielfalt der Erscheinungen im äußeren Kreis des Mandalas durch mehrere Kreise hindurch, die immer grundlegendere Symbole enthalten, bis hin zur Einheit in der Mitte des Mandalas, die die Quelle und die Essenz der gesamten Vielheit der Welt ist.

Das astrologische System der Planeten eignet sich nicht als Grundlage für diesen Weg, aber die Planetenfolge von Mond bis Pluto ist diesem Weg doch recht ähnlich.

Diesen Stufenweg gibt es nicht nur in den verschiedenen mystischen, magischen und religiösen Systemen, sondern auch in der heutigen Physik. Da die Physik die Grundlage des heutigen Weltbildes ist, ist eine Stufenweg-Meditation, die auf diesem Weltbild beruht, am besten in der Realität verankert, d.h. der Weg als solcher wird als real erlebt. Daher ist die Benutzung des physikalischen Weltbildes für diese Form der Meditation besonders gut geeignet.

Die Benutzung der Physik als „Bild" und Grundlage für ein Mandala, d.h. für eine Stufenweg-Meditation hat den praktischen Vorteil, daß man den äußeren Kreis des Mandalas, also die erste Stufe bereits definiert hat: Die ganze Welt ist Physik bzw. besteht aus physikalischen Dingen.

Bei der Darstellung dieses physikalischen Stufenweges sind im Folgenden einige Details fortgelassen worden; es ist nur der gerade Weg von der Vielheit zur Einheit hin dargestellt worden. Wenn man sich in der Physik gut auskennt, kann man den Weg um beliebig viele weitere Details ergänzen.

Diese Meditation hat die folgenden Stufen, die man jedesmal solange betrachtet, bis man innerlich sieht und fühlt: „Ja, so ist es."

Die Welt besteht aus dem Weltall – die Erde ist ein Teil der Welt und man selber ist ein Lebewesen auf der Erde.

Der eigene Körper besteht aus Organen.

Die Organe bestehen aus Zellen.

Die Zellen bestehen aus Molekülen.

Die Moleküle bestehen aus Atomen.

Die Atome bestehen aus dem Atomkern und aus den Elektronen.

Die Atomkerne bestehen aus Protonen und aus Neutronen.

Die Protonen und die Neutronen bestehen aus je drei Quarks.

Die Elementarteilchen, also die Quarks, Elektronen und die Neutrinos, sind entsprechend der Formel „$E=mc^2$" auch Energiequanten. Von ihnen gibt es drei Arten: Gravitonen (Energiequanten der Gravitation), Photonen (Energiequanten der elektromagnetischen Kraft) und Gluonen (Energiequanten der Farbkraft in den Atomkernen).

Energiequanten sind Krümmungen in der Raumzeit. Die Raumzeit erstreckt sich durch das gesamte Universum von seinem Beginn bis zu seinem Ende – sie ist sozusagen das Papier, auf das das Bild des Weltalls eingestanzt worden ist: Jeder Energiequant ist eine kleine Delle in diesem „Raumzeit-Papier".

Der Raum ist eine Folge von Zuständen der Zeit – die Zeit ist das eigentlich Reale. Sie nimmt immer neue Formen an, die sich als der Zustand der Welt in einem bestimmten Augenblick zeigen. Der Raum ist eine Momentaufnahme der Zeit.

Die Raumzeit ist das Außen der Einheit.
Das Bewußtsein, also das Innen dieser Raumzeit, ist Gott.

Mein Körper ist ein Teil der Raumzeit.
Mein Bewußtsein ist ein Teil von Gott.

Es ist hilfreich, diese Betrachtung des öfteren durchzuführen und sich dabei bewußt zu bleiben, daß man auch sich selber in der Welt betrachtet.

Dieser Stufenweg entspricht den Stufen des kabbalistischen Lebensbaumes, auf dem man daher auch diesen physikalischen Weg abbilden kann. Die Übereinstimmung zwischen dem physikalischen Stufenweg und dem Lebensbaum ist sehr präzise: Beide sind ein elfteiliges Modell, das dieselben Eigenschaften hat – der Lebensbaum hat elf „Sphären" und die physikalische Superstringtheorie hat elf mathematische Dimensionen.

Der Anfang ist Gott bzw. die Zeit-Dimension.

Der zweite Bereich sind die drei Götter-Sphären bzw. die drei ausgedehnten Raum-Dimensionen.

Der dritte Bereich sind die drei Seelen-Sphären bzw. die erste Dreiergruppe der nicht-ausgedehnten, d.h. „verborgenen" Raum-Dimensionen.

Der vierte Bereich sind die drei Psyche-Sphären bzw. die zweite Dreiergruppe der nicht-ausgedehnten, d.h. „verborgenen" Raum-Dimensionen.

Das Ende ist die Körper-Sphäre bzw. die elfte Dimension, die die übrigen zehn Dimensionen zusammenfaßt.

Diese Übereinstimmung, die hier nur sehr kurz geschildert ist, zeigt, daß es auf der „Innenseite der Welt", in der sich die Telepathie befindet, dieselben Strukturen gibt wie auf der „Außenseite der Welt", die von der Physik geschildert wird – beides ist schließlich dieselbe Welt …

Eine ausführlichere Betrachtung zu diesem Thema mit vielen Beispielen für solche übereinstimmenden Strukturen in der Physik und im spirituell-magisch-astrologischen Bereich findet sich in meinem Buch „Physik und Magie".

7. d) Bewußtsein und Materie

Diese Übereinstimmung zwischen dem physikalischen Stufenweg und dem spirituellen Stufenweg des Lebensbaumes zeigt, daß das Bewußtsein die Innenseite der Welt ist und die Materie die Außenseite der Welt.

Wenn man diese Beschreibung wörtlich nimmt, ergeben sich vier Arten der Wirkung in der Welt:

Materie wirkt auf Materie: Ich nehme einen Apfel und esse ihn.

Materie wirkt auf Bewußtsein: Ich sehe einen Freund und freue mich.

Bewußtsein wirkt auf Materie: Ich drehe ein Papierrädchen mithilfe von Telekinese (siehe den Versuch in „Telepathie für Anfänger").

Bewußtsein wirkt auf Bewußtsein: Ich spüre, daß mich jemand von hinten her anstarrt.

Dieses einfache Modell der beiden Seiten der Welt (Innenseite = Bewußtsein; Außenseite = Materie) kann es erleichtern, telepathische und telekinetische Erlebnisse in ein umfassenderes Weltbild einzuordnen und die Telepathie und die Telekinese nicht als Widerspruch zu dem physikalischen Weltbild zu erleben.

8. Die Benutzung der „Telepathie-Ebene"

8. a) Die Nutzung der Telepathie im großen Stil

Das Kennenlernen der Telepathie beginnt mit den ersten Erlebnissen und Experimenten, die zeigen, daß es die Telepathie tatsächlich gibt.

Danach kommen dann die Experimente, mit deren Hilfe das Wesen der Telepathie genauer untersucht wird, und die ersten Versuche, die Telepathie konkret im Alltag zu nutzen. Sehr wahrscheinlich wird sich das dann zu einer mehr oder weniger systematischen Form von Magie weiterentwickeln.

Schließlich stellt sich dann die Frage, wie man die Telepathie allgemein in der eigenen Lebensgestaltung nutzen kann. Hier gibt es eine Reihe verschiedener Ansätze.

Am bekanntesten ist vermutlich das Prinzip „des hundertsten Affen": Wenn eine bestimmte Anzahl von Menschen oder Tieren etwas gelernt hat, weitet sich diese Fähigkeit auf einmal auf alle Menschen oder Tiere aus – ohne das sie diese Fähigkeit irgendwo konkret gesehen oder von ihr gehört hätten.

Wenn genügend Menschen oder Tiere etwas wissen, beginnt dieses Wissen sozusagen im kollektiven Unterbewußtsein so zu strahlen, daß alle Menschen dieses Wissen telepathisch wahrnehmen können und es anwenden.

Dieses Prinzip wird des öfteren genutzt, um kollektiv für den Weltfrieden o.ä. zu meditieren. Der Grundgedanke dabei ist, daß dann, wenn sich genügend Menschen auf ein Motiv konzentrieren, dieses Motiv auch allen anderen bewußt wird und von ihnen mitgetragen wird. Man könnte dies als eine Art Selbsthypnose oder Eigenprogrammierung der Menschheit ansehen.

Leider benutzen auch Demagogen und Diktatoren dieses Prinzip. Am bekanntesten ist vermutlich Hitlers „Gleichschaltung des deutschen Volkes".

Man kann auch das eigene Leben auf diesem Prinzip aufbauen. So lebe ich seit fast fünfzehn Jahren von Beratungen und vom Bücherschreiben. Ich mache keinerlei Werbung und verlange von niemandem für meine Beratungen Geld, sondern nehme einfach die Spenden an, die ich dafür erhalte. Dadurch gelangt das, was ich tue, zu denen, die es brauchen, und nicht zu denen, die viel Geld haben.

Wenn ich mal in Geldnot komme, sage ich „denen da oben", also den Göttern Bescheid, die mir bisher noch immer geholfen haben. Man kann also auch den eigenen Lebensunterhalt auf der Telepathie aufbauen – man könnte auch sagen, daß man auch in diesem Punkt dem Leben, den Göttern und (wenn man es so nennen will) der Telepathie vertrauen kann: Das, was man braucht, wird auch kommen, wenn man in das Leben vertraut.

Dieses Prinzip des Vertrauens sendet Bilder des „guten Zustands" aus – und diese Bilder rufen dann das „Gute" herbei. Das funktioniert natürlich nur dann, wenn man wirklich vertraut, und nicht, wenn man nur „vertrauen will" – und sich für das Aufrechterhalten dieses Vertrauens täglich aufs Neue anstrengt.

Auf der Ebene der Telepathie gibt es keine Lüge, sondern nur das Bild, das man in sich trägt und aussendet. Das Bild einer Angst, die man mit Vertrauen umhüllt hat und als Vertrauen ausgibt, wird Angst herbeirufen, da dieses Bild in seinem Kern eben doch Angst ist.

Für die Telepathie ist eine grundlegende Aufrichtigkeit notwendig, da man sonst Dinge herbeiruft, die nicht das sind, was man wollte. Die Telepathie sieht immer, was in der Verpackung ist und ruft das herbei.

Man könnte ein ganzes Wirtschaftssystem auf der Telepathie aufbauen, wenn genügend Menschen in diesem System ein ausreichend großes Vertrauen und eine ausreichend große Verantwortung entwickelt haben.

Dann wäre es möglich, sich das, was man braucht, zu wünschen und darauf zu vertrauen, daß es kommt. Manche Dinge könnte man sich auch mit anderen teilen. Und man würde so handeln, daß es für alle gut ist.

In allen heutigen Wirtschaftssystemen ist das Geld das, was Angebot und Nachfrage regelt, also das Herstellen von Waren mit dem Bedürfnis der Menschen nach Waren koordiniert. Leider entsteht dadurch vor allem ein Kampf ums Geld und keine allgemeine Kooperation, die dafür sorgt, daß möglichst sinnvolle Produkte hergestellt werden und daß diese Produkte auch zu denen kommen, die sie brauchen.

Diese Rolle des Koordinators, die heute das Geld innehat, könnte in einer Wirtschaftsform, die ausreichend von Vertrauen und Verantwortung getragen wird, von dem kollektiven Unterbewußtsein, also von der Telepathie übernommen werden. Die Telepathie würde in dieser Wirtschaftsform diejenigen, die etwas übrig haben oder gerne herstellen oder tun würden, mit denen zusammenbringen, die das Betreffende brauchen – man würde sich einfach durch „telepathisch verursachte sinnvolle Zufälle" begegnen.

Man kann das ja einfach mal im Kleinen anfangen und sich das, was man gerade braucht, wünschen – und das anderen geben oder das für sie tun, was diese gerade brauchen (sofern man dies besitzt bzw. gerne tut).

8. b)   Die eigene Lebensgestaltung

Es gibt auch bei der generellen Anwendung der Telepathie kein Patentrezept, das für alle gilt. Letztlich muß sich jeder selber die Frage stellen, wie er die Telepathie in seinem Leben nutzen will. Das hängt zu einem großen Teil auch davon ab, wie sicher man sich der Telepathie geworden ist und wieviel Vertrauen man daher entwickelt hat.

Vermutlich wird es auch einfacher werden, die Telepathie in das eigene Leben als feste Größe einzubauen, wenn es mehr Menschen als zur Zeit gibt, für die Telepathie etwas völlig Reales und Normales geworden ist.

Da diese Menschen die Telepathie mit großer Wahrscheinlichkeit auf sehr verschiedene Weise nutzen werden, wird es dann auch leichter werden, ein Vorbild zu finden, dessen Vorgehen auch für einen selber passend ist.

Noch ein wenig weiter in der Entwicklung werden sich dann auch die Grundprinzipien des neuen Weltbildes, in dem die Telepathie vollständig integriert worden ist, herauskristallisieren. Vermutlich werden Vertrauen und Verantwortung zwei wesentliche Elemente in diesem Weltbild sein, da diese beiden Qualitäten die beiden Seiten der eigenen telepathischen Verbindung mit der Welt sind: Im Vertrauen wird man von der Welt getragen und in der Verantwortung trägt man die Welt.

Bislang wird ein solche telepathisch getragene Lebensweise einschließlich eines telepathisch koordinierten Wirtschaftssystems vor allem in Sciencefiction-Romanen entworfen und ausführlicher beschrieben: Der Planet der Weisen, die friedlich leben und sich telepathisch verständigen und ihre Handlungen telepathisch koordinieren. Das ist durchaus eine reale Möglichkeit – aber bis es auf der Erde soweit ist, wird es wohl noch eine Weile dauern ...

Wie Konfutse so treffend sagte: „Auch die längste Reise beginnt mit dem ersten Schritt." Wenn man einen ersten Schritt in die richtige Richtung macht, wird danach der zweite Schritt deutlich, dann der dritte ... und so kommt man immer weiter.

Man muß folglich nicht den ganzen Weg kennen, um ans Ziel zu kommen, aber man muß losgehen.

Das gilt auch für das Erlernen der Telepathie.

Und es ist hilfreich, das Ganze eher spielerisch als ernst und aufopferungsvoll anzugehen.

9. Die Geschichte der Telepathie

9. a) von der Steinzeit bis heute

Man kann das Leben in sieben Phasen gliedern – sowohl die Geschichte der Menschheit als auch die individuelle Biographie.

Am Anfang ist die orale Phase – der Säugling steckt alles in den Mund und lebt ganz in der Geborgenheit bei seiner Mutter.
Dies entspricht in der Geschichte der Altsteinzeit, in der die Menschen als Teil der Natur in der Natur gelebt haben.
Diese Zeit kann durch ein „Ja" charakterisiert werden.
In dieser Epoche der völligen Verbundenheit mit allem ist Telepathie das normalste überhaupt – schließlich ist alles mit allem verbunden (Assoziation) und der Einzelne ist in dem Ganzen und vor allem bei seiner Mutter und bei der 'Großen Mutter' geborgen.

Darauf folgt die anale Phase – das Kleinkind lernt sprechen und laufen und Dinge zu wollen und andere Dinge abzulehnen.
Auch in der Jungsteinzeit entsteht eine Unterscheidung zwischen „gewollt" und „abgelehnt": auf der einen Seite das Dorf, die Gärten, das Ackerland und die Weiden und auf der anderen Seite die Wildnis.
Diese Zeit kann durch ein „Nein!" charakterisiert werden.
In dieser Epoche der Unterscheidung, der Zyklen (vor allem des Ackerbaus) und der richtigen Ordnung aller Dinge wird die Telepathie zu einem Teil der alles durchdringenden und alles tragenden „Richtigkeit", die durch die Verhaltensvorschriften und durch die Mythen beschrieben wird. Das Befolgen dieser Ordnung ermöglicht das Überleben. Die Telepathie entwickelt sich in dieser Epoche von der Verbundenheit mit der Mutter und mit der Muttergöttin zu der Verbundenheit mit einer Vielzahl von Göttern weiter.

Als nächstes folgt die phallische Phase – das Kind erkennt sich selber als eigenständiges Wesen und lernt „ich" zu sagen.
Am Ende der Jungsteinzeit ist das Königtum entstanden und mit ihm der Monotheismus und die Philosophie – alles wird auf den König, auf ein Zentrum, auf einen Ursprung hin ausgerichtet bzw. von ihm hergeleitet.
Diese Zeit kann durch ein „Ich!!!" charakterisiert werden. Aus dem „Ja" ist

das „Nein!" entstanden und beides gemeinsam ermöglicht das Erkennen des Ichs.

In dieser Epoche geht alles vom König und von Gott aus. In der Altsteinzeit war die Telepathie die Verbundenheit mit der Mutter und der Muttergöttin; in der Jungsteinzeit war die Telepathie das Getragenwerden von der allumfassenden richtigen Ordnung; im Königtum und dem mit ihm verbundenen Monotheismus ist die Telepathie das Eingefügtsein in das Gesamtsystem, das zentral von Gott bzw. von dem König als dessen Stellvertreter gelenkt wird.

Die phallische Phase geht in die genitale Phase über – der Jugendliche erforscht die Welt und das andere Geschlecht.

Das Königtum wird durch den Materialismus abgelöst, der ebenfalls die Welt erforscht und sie nutzt. Der Blick wird nun vollständig nach außen auf die Welt gerichtet, wodurch das Innere in den Hintergrund tritt.

Diese Zeit kann durch ein „Du?" charakterisiert werden, das auf das „Ich!!!" der vorigen Phase folgt.

In dieser Epoche tritt die Telepathie völlig in den Hintergrund, da nur noch analysiert und produziert wird und nicht mehr nach den inneren Zusammenhängen geschaut wird. Dies ist das erste Zeitalter, in der die Telepathie weitestgehend ignoriert wurde und in der es daher notwendig geworden ist, erst einmal ihre Existenz zu beweisen.

Nun folgt die adulte Phase – der Erwachsene hat einen Partner zur Gründung einer Familie gewählt und errichtet nun in gegenseitigem Vertrauen und Verantwortung eine Gemeinschaft, in der man miteinander verbunden ist.

Dies entspricht der derzeit beginnenden Epoche der Globalisierung, in der alle die Folgen der Taten aller anderen mittragen müssen. Es steht an, auf der Erde eine „Familie der Völker" zu gründen, in der alle in ihrer Eigenart weiterleben können und zugleich das Wohlergehen des Ganzen im Auge haben.

Diese Zeit kann man durch ein „Wir." charakterisieren, das sich aus dem „Ich!!" und dem „Du?" ergibt.

In dieser Epoche ist die Telepathie etwas, was dringend benötigt wird und daher auch wieder entdeckt, entwickelt und integriert wird – schließlich koordiniert die Telepathie die Einzelnen zu einer Gemeinschaft. Die Familie und auch die „Familie der Völker" ist ein System, in dem alle von allen abhängig sind. Ein solches System kann nur in Vertrauen und Verantwortung gedeihen – und die Innenseite dieser Verbindungen zwischen allen ist die Telepathie.

Die beiden Phasen, die in der Biographie noch folgen, aber historisch noch in der

Zukunft liegen, sind die tutorale Phase, in der im fortgeschrittenen Alter gelehrt wird, und die geronte Phase der Weisheit des hohen Alters. Diese beiden Phasen sind auch Epochen der Magie und der Religion: die Telepathie wird erst zu einer Verbindung zu den Göttern und zu den Schülern und dann zu einer Verbindung mit Gott.

Die tutorale Phase kann man durch „Anderes …" charakterisieren und die geronte Phase durch „Alles." Aus dem „Wir" und dem „Anderes …" entsteht das „Alles."

Die Entwicklung kann man durch sieben Worte beschreiben: „Ja" – „Nein!" – „Ich!!!" – „Du?" – „Wir." – „Anderes …" – „Alles."

Die Auffassung der Telepathie in diesen sieben Phasen recht verschieden:

„Ja."	Geborgenheit in der Großen Mutter
„Nein!"	Getragenwerden von der allumfassenden richtigen Ordnung
„Ich!!!"	Eingefügtsein in die von Gott gelenkte Hierarchie
„Du?"	weitgehende Ignorierung der Telepathie
„Wir."	Koordination der Einzelnen zu einer Familie
„Anderes …"	Vertrautwerden mit dem Fremden
„Alles."	Erleben der Allverbundenheit und der Einheit

9. b)   die eigene Entwicklung

Die eigene Entwicklung der Telepathie hängt von dem eigenen Alter ab und von der Kultur, in der man lebt. Das deutlich stärker prägende Element ist die Kultur und deren Verhältnis zur Telepathie: In einer Gemeinschaft, in der Telepathie etwas ganz Normales ist, wird man in jedem Alter die Telepathie benutzen – ganz einfach, weil sie ein so praktisches Hilfsmittel ist.

Daneben gibt es natürlich noch die Wichtigkeit, die die Telepathie im eigenen Leben erlangt hat – nicht jeder ist ein Seher und benutzt die Telepathie beruflich. Aber jeder kann die Telepathie als ein Element erleben, auf dem das eigene Vertrauen in das Leben beruht: Die Dinge geschehen nicht zufällig, sondern in Bezug zueinander, was u.a. bedeutet, daß die innere Heilung auch eine Heilung der äußeren Lebenssituation nach sich zieht.

Die Telepathie koordiniert die inneren Bilder mit den äußeren Ereignissen.

10.   Formen der Telepathie

10. a)   Möglichkeiten

In den beiden Bänden „Telepathie für Anfänger" und „Telepathie für Fortgeschrittene" sind eine Reihe von verschiedenen Telepathie-Erlebnissen beschrieben worden. Es ist daher sinnvoll, diese verschiedenen Erlebnisse einmal genauer zu betrachten und zu schauen, ob sie sich zu einem anschaulichen Bild der telepathischen Möglichkeiten zusammenstellen lassen.

unabsichtliche Telepathie

unabsichtliche räumliche Wahrnehmung im Traum

Man kann im Traum sehen, was in einem anderen Raum imaginiert worden ist. Vermutlich gibt es diesen Fall häufiger – insbesondere die Traum-Wahrnehmung der Handlungen eines anderen Menschen, der etwas tut, was für den Träumenden von Bedeutung ist.

unabsichtliche, halbbewußte räumliche Wahrnehmung

Das bekannteste Beispiel für diese Form der Telepathie ist die Fähigkeit zu spüren, wenn man von einem anderen von hinten angestarrt wird.
Vermutlich kommt die unbewußte Telepathie relativ häufig vor – da sie unbewußt ist, wird sie jedoch meistens nicht bemerkt …

unabsichtliche, bewußte räumliche Wahrnehmung

Bei der zwar bewußten, aber nicht beabsichtigten telepathischen Wahrnehmung sieht man z.B. auf einmal das vor sich, was ein anderer z.B. im Urlaub erlebt hat und worüber er gerade erzählt. Man kann auch hören, was ein anderer gerade denkt oder was er sich gerade wünscht, oder man kann sehen, wie es einem anderen geht.
Etwas spezieller ist das telepathische Erkennen von dem, was in einem Raum bei einer Meditation oder bei einem Ritual imaginiert worden ist.

41

Eine weitere spezielle Form dieser Art von Telepathie ist die Wahrnehmung und das Deuten eines Omens, also das Erkennen, daß ein seltsames Ereignis eine Bedeutung hat.

unabsichtliche zeitliche Wahrnehmung im Traum

Ein Wahrtraum, also ein Traum, in dem man etwas vorhersieht (was meistens am nächsten Tag geschieht) ist unabsichtlich und halbbewußt (Traum).

unabsichtliches, unbewußtes Senden

Das unabsichtliche telepathische Senden durch einen Menschen ist vor allem im Zusammenhang mit PCs bekannt, die manchmal recht heftig auf den Streß ihrer Benutzer reagieren.

Auch hier dürften die meisten Fälle von telepathischem Senden unbekannt sein, weil sie eben unbewußt sind.

Der Lebenskraft-Vampirismus ist zwar kein Senden, sondern ein Saugen, aber da beides ein „Bewegen von Lebenskraft" ist, kann man ihn zu dem unabsichtlichen Senden hinzurechnen – wobei es natürlich auch das absichtliche Lebenskraft-Saugen gibt.

absichtliche Telepathie

absichtliche, aber unbewußte Wahrnehmung

Bei dieser Form der Telepathie wird ein „Monitor" benutzt, also ein Hilfsmittel, durch das das Unterbewußtsein, das die Informationen telepathisch erlangt hat, diese Informationen dem Wachbewußtsein übermittelt.

Dieses Hilfsmittel kann ein Pendel, die eigenen Finger, der „Zombie-Versuch", das automatisches Schreiben, das automatisches Sprechen oder auch ganz klassisch ein Orakel sein.

bewußte, absichtliche räumliche Wahrnehmung

Man kann absichtlich und bewußt mithilfe von Telepathie verlorene Gegenstände wiederfinden, einen Weg finden, den Aufenthaltsort von jemand anderem erkennen, einen Motorschaden zutreffend diagnostizieren, das Hauptgewinn-Los ziehen usw.

Eine Traumreise ist ein solches telepathisches Schauen, das eine etwas stärker festgelegte äußere Form hat.

Eine schon weitergehende Form der Telepathie ist das bewußte und absichtliche Wechseln mit dem eigenen Bewußtsein in den Körper eines anderen, um dort den Zustand der Organe oder Chakren des anderen zu untersuchen und sie evtl. auch zu heilen.

bewußte, absichtliche zeitliche Wahrnehmung

Das gezielte Vorhersehen der Zukunft ist von fast allen Kulturen bekannt: die Seher und Seherinnen.

Eine spezielle Form sind die Tulkus, die sich sowohl an ihre vergangenen Leben erinnern als auch ihr nächstes Leben vorhersehen können.

bewußtes, absichtliches Senden

Man kann einem anderen gezielt ein Bild oder ein Wort senden – auch schon sofort nach der Geburt. Auch Tiere reagieren auf das telepathische Senden von Bildern.

Das telepathische Herbeirufen eines anderen Menschen geht in die Fernhypnose über, die eine Form der Hypnose eines anderen, nicht anwesenden Menschen ist.

Das Herbeiwünschen von Dingen, Ereignissen und Erlebnissen ist eine formlose Variante der Magie, die sozusagen „effektives Wünschen in Ritual-Form" ist.

Man kann die Telekinese zu dem absichtlichen Senden hinzurechnen, auch wenn dabei nicht nur ein Gedanke oder ein Bild gesendet wird, sondern eine physische Wirkung ausgelöst wird.

Ob ein Poltergeist seine Wirkung, also sein „Poltern" absichtlich verursacht, ist schwer zu ergründen – um das zu ergründen, man müßte sich dazu mit dem Poltergeist unterhalten können …

Man könnte auch die Homöopathie zu den Formen des absichtlichen telepathischen Sendens zählen, auch wenn die eigentliche Wirkung nicht von dem Sender, also von dem Homöopath, sondern von dem homöopathischen Heilmittel ausgeht.

Zu den hier aufgeführten Formen der Telepathie gehört auch der absichtliche Lebenskraft-Vampirismus, also das absichtliche Lebenskraft-Saugen.

vollkommene Telepathie

vollkommene Wahrnehmung von außen her

Bei der Astralreise verläßt man mit seinem Bewußtsein und mit seiner Wahrnehmungsfähigkeit den eigenen Körper und fliegt zu einem beliebigen anderen Ort und nimmt ihn genauso klar wahr wie mit den physischen Sinnen.

Die in Tibet „Phowa" genannte Bewußtseinsübertragung ist ein Extremfall dieser Art von Telepathie. Dabei verläßt ein Yogi, der kurz vor seinem Tod steht, seinen physischen Leib mit seinem Astralkörper und sucht sich den Körper eines vor kurzem verstorbenen jungen Menschen, belebt diesen Körper wieder und übernimmt ihn dann für einige Zeit als eigenen Körper.

vollkommene Wahrnehmung von innen her

Bei der Traumreise zu dem „Haus der Allwissenheit" („Akashachronik"), in dem man u.a. seine früheren Inkarnationen sehen kann, befindet man sich an einem „inneren Ort", also nicht wie bei der Astralreise an einem äußeren Ort.

Gruppen-Telepathie

unabsichtliche kollektive Koordination

Diese Form der Telepathie ist vor allem durch das Phänomen des „100. Affen" bekannt geworden – dies ist eine besondere Form der Schwarmintelligenz, die man z.B. bei der synchronisierten Bewegungen der Fische in einem Fischschwarm beobachten kann.

Zwei negative Varianten dieser Möglichkeit der kollektiven telepathischen Koordination sind die Massenpsychose und die Massenpanik.

Eine Kleingruppen-Variante ist die telepathische Koordination beim Nachdenken oder beim Erforschen eines Themas.

absichtliche kollektive Koordination

Die kollektive telepathische Koordination wird vor allem bei Gruppen-Traumreisen und bei Familienaufstellungen sowie bei gemeinsamen Meditationen größerer Menschengruppen genutzt.

Der „Postkarten-Versuch" ist ein einfaches Experiment zum Nachweis der Telepathie, bei dem mehrere Menschen zusammenwirken.

Die Negativ-Variante der absichtlichen, kollektiven Telepathie ist die politische oder religiöse Propaganda.

unpersönliche kollektive Koordination

Die Astrologie ist von ihrer nicht-physikalischen Wirkung her auch eine Form der Telepathie. Sie wirkt sowohl individuell durch das Horoskop als auch kollektiv durch den gerade aktuellen Planetenstand.

Man kann die hier beschriebenen Formen der Telepathie mit einem einfachen Schema darstellen:

Formen der Telepathie				
Bewußtheit	*Absicht*			
	unabsichtlich	*absichtlich*	*vollkommen*	*unpersönlich*
unbewußt	Senden	räumliche Wahrnehmung		
im Traum	räumliche Wahrnehmung			
halbbewußt	räumliche Wahrnehmung			
kollektiv	Koordination	Koordination		Koordination
bewußt	räumliche Wahrnehmung	räumliche Wahrnehmung		
	zeitliche Wahrnehmung	zeitliche Wahrnehmung		
		Senden		
		räumliche Wahrnehmung von außen her		
		räumlich-zeitliche Wahrnehmung von innen her		

Die Telepathie beginnt mit den unbewußten Formen, die teilweise im Traum stattfinden.

Bei den halbbewußten Formen der Telepathie ist man zu einer Reaktion fähig, die einem jedoch nicht ganz bewußt ist (von hinten angestarrt werden).

Die kollektiven Formen der Telepathie sind von der Sender-Seite her bewußt, aber von der Empfänger-Seite her meistens unbewußt – was vor allem bei der Propaganda durchaus beabsichtigt ist.

Die bewußte Telepathie ist am umfassendsten: In ihr gibt es sowohl die räumliche als auch die zeitliche telepathische Wahrnehmung als auch die beiden vollkommenen Formen der Telepathie. Zudem findet sich das telepathische Senden nur bei den bewußten und bei den unbewußten Formen der Telepathie.

Wie mag eine vollkommene kollektive Koordination aussehen? Mithilfe von Meditationen und Traumreisen kann auf den Stufenweg etwas oberhalb der „Halle der Allwissenheit" einen Bereich finden, in der sich eine Gemeinschaft trifft, in der alle mit allen verbunden sind und in dieser Gemeinschaft geborgen sind. Möglicherweise ist dies ein Ort der vollkommenen kollektiven Koordination.

Auf dem Lebensbaum heißt dieser Ort „Binah".

Ein deutlicher Unterschied im Erleben der Telepathie besteht zwischen der Astralreise und der Traumreise (einschließlich des Allwissenheits-Zustandes in der „Akashachronik").

Bei der Astralreise sieht man die Dinge zwar „optisch" ein wenig anders als mit den physischen Augen, aber man sieht die äußere, physische Welt. Diese Art von „Sehen" hat man auch, wenn man telepathisch einen verlorenen Gegenstand sucht, mit seinem Bewußtsein in einen anderen Menschen wechselt und sich dessen Organe anschaut oder wenn man die Szenen der Urlaubserinnerungen, über die ein anderer gerade berichtet, plötzlich vor sich sieht.

Die Astralreise ist die vollkommene, klare Form dieser Art von telepathischer Wahrnehmung, bei der man von außen her auf die Dinge blickt.

Die Wahrnehmung bei der Traumreise ist deutlich anders: Sie kann sowohl symbolisch-traumhaft sein als auch konkret-real. Die Art der Bilder hängt von der Ausrichtung ab: Wenn man z.B. zu der eigenen Mitte reist oder zu einer Gottheit, werden die Bilder symbolhaft sein – wenn man hingegen z.B. nach Ägypten reist, wird man dort auch die Pyramiden finden. Die Neigung zu symbolischen Bildern ist bei der Traumreise allerdings sehr ausgeprägt, da man z.B. die Pyramiden evtl. nicht so sehen wird, wie sie heute aussehen, sondern so, wie sie zu der Zeit ihrer Erbauer ausgesehen haben.

Während man bei der telepathischen Suche und bei der Astralreise die

Dinge sofort „von außen her" sieht, nimmt man die Dinge bei der Traumreise „von innen her" wahr, sofern man sich nicht anstrengt, sie „von außen her" wahrzunehmen.

Bei der telepathischen Suche und bei der Astralreise reist man sozusagen selber mit seiner Wahrnehmung (telepathische Suche) oder mit seinem ganzen Astralkörper in der Außenwelt an den gewünschten Ort und schaut sich dort um, während man bei der Traumreise mit seinem Bewußtsein sozusagen auf der Bewußtseinsebene, also in der „inneren Welt" zu dem Thema reist, über das man etwas erfahren will.

Durch die telepathische Suche und die Astralreise kann man etwas über die äußere Form erfahren – durch die Traumreise kann man etwas über die innere Bedeutung erfahren. Wenn man z.B. wissen will, ob ein Organ krank ist, wird man eine telepathische Suche durchführen, d.h. in diesem Fall telepathisch von außen auf das Organ blicken – wenn man jedoch wissen will, warum das Organ krank geworden ist, wird man eine Traumreise zu dem Organ unternehmen, d.h. es wie ein Lebewesen ansprechen, wobei man auch das automatischen Sprechen benutzen könnte.

Wie kann man den praktischen Unterschied zwischen telepathischem Suchen und Traumreise präzise und anschaulich beschreiben? Eigentlich kann man das nur durch die eigene Erfahrung wirklich verstehen. Der Unterschied ist die eigene Ausrichtung: Gehe ich zu etwas hin oder gehe ich in etwas hinein? Begegne ich etwas oder werde ich zu etwas? Betrachte ich es von außen oder betrachte ich es von innen? Spreche ich seine Substanz an oder spreche ich sein Bewußtsein an?

Bei der telepathischen Suche (einschließlich Astralreise) geht man zu etwas hin, begegnet man etwas, betrachtet man es von außen her und erforscht man seine Substanz. Bei der Traumreise geht man in etwas hinein, man wird zu etwas, betrachtet es von innen und erforscht sein Bewußtsein.

10. b) Anwendungen

Die Art der Bewußtheit läßt sich in der Telepathie nicht unbedingt willentlich bestimmen – aber man kann die bewußte Telepathie üben und darin souveräner werden.

Die Unterscheidung zwischen Astralreise (telepathisches Suchen) und Traumreise wird mit zunehmender Erfahrung mit der Telepathie von selber deutlicher werden: Die Art der telepathischen Wahrnehmung und des Erlebnisses ergeben sich von selber aus der Art der Information, die man anstrebt.

11.   Sehen und Handeln

11. a)   Gleichgewicht

Je weiter man die Telepathie, also die innere Wahrnehmungsfähigkeit entwickelt hat, desto wichtiger wird es, daß man auch die innere Handlungsfähigkeit, also die Telekinese und die Magie entwickelt. Wenn man alles sehen kann, aber nicht handeln kann, überschwemmen die vielen Bilder die Psyche in einem solchen Maße, daß die Eigenständigkeit bedroht wird.

Dasselbe gilt auch umgekehrt: Wenn man immer wirkungsvoller im Wünschen und in der Magie wird, aber nicht seine Wahrnehmungsfähigkeit in etwa demselben Maße übt, kann es sein, daß man Dinge bewirkt, die man nicht wollte, die man nicht genießen kann oder die einem sogar schaden.

Ein scharfes Auge und ein schwacher Arm sind eine schlechte Kombination – und ein trübes Auge und ein starker Arm ebenso …

11. b)   Zauberlehrling

Wenn man damit beginnt, Telepathie in größerem Maße zu üben, sollte man auch lernen, Dinge durch Willen und Imagination (bildhafte Vorstellung) zu prägen. Man sollte zugleich anstreben, Seher und Magier zu werden.

Meistens neigt man dazu, das eine oder das andere dieser beiden Elemente deutlich stärker zu entwickeln. In einem geringen Maße schadet das auch nicht – wenn jedoch das eine der beiden Elemente mehr als doppelt so gut entwickelt ist wie das andere, sollte man zusehen, daß man dieses Ungleichgewicht wieder einigermaßen ins Lot bringt.

Dieser Hinweis steht auch schon in „Telepathie für Anfänger", aber er erscheint hier noch einmal, da er von großer Bedeutung für das eigene Wohlergehen ist.

12.   Der erste Schritt

12. a)   Der Stufenweg

Die Telepathie ist das kleinste Element, das zeigen kann, daß die Welt auch nicht-kausale Zusammenhänge bzw. nicht-physikalische Wirkungen enthält. Wenn man dieses Element systematisch untersucht, gelangt man schließlich zu einem Weltbild, in dem alles mit allem verbunden ist und in dem alles in einem gemeinsamen Rhythmus miteinander schwingt, der sich u.a. aus dem Strahlen des Herzens ergibt und der durch die Astrologie beschrieben wird.

Diese Sicht auf die Welt ist ein wesentlicher Teil des neuen Weltbildes, das sich seit einigen Jahrzehnten zu entwickeln begonnen hat und letztlich zu einer „Familie der Völker" führen wird.

12. b)   Der eigene Weg

In individueller Hinsicht führt die intensive Beschäftigung mit der Telepathie letztlich zur Mystik, also zu einem Weltbild, in dem man sich als integrierter Teil des Ganzen erlebt. In dieser Welt wird man von dem Ganzen getragen und trägt das Ganze – was die Essenz der Familie und der „Familie der Völker" ist.

13.   Der ursprüngliche Wunsch

13. a)   Das Entschluß-Ritual

Ist der Wunsch Telepathie zu lernen, der primäre Wunsch? Oder will man die Telepathie erlernen, um damit etwas zu erreichen?

Die Telepathie an sich hat erst einmal keinen großen Wert – die Erkenntnis, daß es sie gibt, verändert natürlich das eigene Weltbild. Die Telepathie ist jedoch nicht das, was selber glücklich macht, sondern sie ist ein Werkzeug, das helfen kann, ein glückliches Leben zu führen – und Dinge zu erleben, die man zuvor vielleicht für unmöglich gehalten hat.

13. b)   Der eigentliche Wunsch

Es ist daher sinnvoll, sich die Frage zu stellen, warum man das Buch „Telepathie für Fortgeschrittene" und evtl. auch „Telepathie für Anfänger" gelesen hat.

Wenn das Motiv einfach Neugier oder Wissensdurst gewesen sind, ist es sinnvoll, ein Entschuß-Ritual zum Entdecken und Erlernen der Telepathie durchzuführen – so wie es im ersten Kapitel dieses Buches beschrieben ist.

Wenn das Motiv jedoch etwas anderes gewesen ist, wofür man die Telepathie als Hilfsmittel benutzen wollte, ist es sinnvoller, sich direkt dieses andere in das eigene Leben zu wünschen. Dann wird man nebenher auch die Telepathie und das Wünschen erlernen und mit diesem Werkzeug vertraut werden.

Der direkte Weg ist stets der effektivste und sinnvollste Weg. Die Wahl dieses Weges ermöglicht es auch der Seele im eigenen Herzen, direkt und kraftvoll nach außen zu strahlen – und das ist letztlich alles, was die Seele will … und es ist auch das, was die Psyche glücklich werden läßt.